百部青少年爱国主义教育读本

永·远·的·丰·碑·系·列

全国爱国主义教育基地·晋冀蒙卷

宋　敬◎编著

团结出版社

UNITY PRESS

图书在版编目（CIP）数据

全国爱国主义教育基地. 晋冀蒙卷 / 宋敬编著. -- 北京 : 团结出版社, 2013.4（2021.6 重印）

（百部青少年爱国主义教育读本. 永远的丰碑系列）

ISBN 978-7-5126-1731-5

Ⅰ. ①全… Ⅱ. ①宋… Ⅲ. ①爱国主义教育－中国－青年读物②爱国主义教育－中国－少年读物 Ⅳ. ①D647-49

中国版本图书馆 CIP 数据核字(2013)第 065633 号

出　版：团结出版社

（北京市东城区东皇城根南街 84 号　邮编：100006）

电　话：(010)65228880　65244790

E-mail：65244790@163.com

经　销：全国新华书店

印　制：三河市信达兴印刷有限公司

开　本：710×1000 毫米　1/16

印　张：10

字　数：140 千字

版　次：2013 年 4 月　第 1 版

印　次：2021 年 6 月　第 2 次印刷

书　号：978-7-5126-1731-5 / D.347

定　价：36.00 元

写在“百部青少年爱国主义教育读本”书前

中国人民大学中共党史系主任、博士生导师
中国中共党史人物研究会副会长
杨凤城

十年树木，百年树人。

对青少年进行爱国主义教育需要从长计议。今天的信息技术还在高速发展中，传播速度极为惊人，世界范围内的各种思想文化在人们的精神世界中相互激荡碰撞。弘扬和培育以爱国主义为核心的民族精神，是国民教育的重要任务，务必在精神文明建设过程中一以贯之，不容忽视，更不得有一丝松懈。

大处着眼，一个民族的精神必须适应时代发展的潮流，跟得上历史进程的趋势。小处着手，爱国主义教育尤其是对青少年的爱国主义教育工作，务必落实下来，落到实处，并且需要一个饶有兴味的形式呈现出来。惟其如此，爱国主义的精神气脉才能入乎眼耳，存乎心胸，真正成为个体生命的一部分。

中国人民百年来反对外来侵略和压迫，反抗腐朽统治，争取民族独立和解放，前赴后继，浴血奋斗的精神和业绩，可谓感天动地；中国共产党领导全国人民为建立新中国而英勇奋斗的崇高精神和光辉业绩，可与日月同辉。中国历史上尤其是中国近现代史上涌现出的著名爱国者、民族英雄、革命先烈和杰出人物，以及新中国成立以后涌现出的许许多多的英雄模范人物，他们是青少年爱国主义教育中最新鲜、最活泼、最具说服力的素材。

因此，对青少年推进行之有效的爱国主义教育，要突出和加强中国近现代史，尤其是中国共产党诞生之后的革命主题和红色主旋律的宣传。

“百部青少年爱国主义教育读本”系列丛书，以“弘扬红色主旋律”、“结合现实问题”为原则进行编写，紧紧围绕爱国主义教育的核心价值体系——爱党、爱祖国、爱社会主义，从历史到现实，从物质文明到精神文明，从自然风光到物产资源，对最广大的青少年进行丰富多彩、生动活泼的爱国主义教育，可谓正当其时，难能可贵。

眼前的系列读本，不禁让人眼前一亮，心生喜悦。编著者极力求其“真”——尊重史实的前提下，用生动活泼的语言讲述一个个真实可感的故事；尽力得其“趣”——饱含深情的语句让人物、事件在书中“活”了起来，“动”了起来，革命前辈的精神气息、信念品格扑面而来，感染着我们，感动着我们；竭力求其“美”——体例结构精心设计，又有大量珍贵历史图片资料作为辅助，更符合青少年的阅读习惯。一项项尽心尽力的创意和编辑工作，充分保证了这一系列读本的阅读价值。

寄望能通过快乐的阅读、有效的阅读，让孩子们的心灵之镜更明亮，让年轻一代的精神家园更加美好！

是为序。

2012 年 9 月 26 日

目 录

Contents >>>

山西省

河北省

内蒙古自治区

山西省

山西省地处黄河中游，东有太行山，西有吕梁山，自古以来就是兵家必争之地。抗战时期，山西是晋绥、晋察冀和晋冀鲁豫三大根据地的重要组成部分。八路军在山西坚持抗战，抗日烽火在山西大地上熊熊燃烧起来，熔铸出了具有中华民族性格特点的太行精神——为国家独立，求民族解放，谋人类和平，赴汤蹈火，流血牺牲，在所不惜；灭入侵敌寇，打伪贼内奸，斗磨擦顽匪，浴血奋战，艰苦卓绝，无私奉献。

八路军太行纪念馆

概况

八路军太行纪念馆坐落于太行老区、八路军的故乡——山西省武乡县城，1988年建成，是中国唯一一座全面反映八路军和华北各根据地八年抗战史实的大型军事专题纪念馆。1997年被中宣部评为全国首批百个全国爱国主义教育示范基地。

纪念馆占地面积180000平方米，馆区目前主要有4个参观游览景点。

八路军抗战史陈列馆，陈展面积为8000平方米，展线长1450米。陈列馆由序厅、六大陈列厅、休息厅、抗战文化墙等构成，以图片资料和珍贵文物展示为主，运用声、光、电等多媒体手法，并辅以雕塑、绘画、歌曲、景观、木刻、影视等配景，栩栩如生地展现了八路军将士东渡黄河、驰骋敌后、鏖战华北、喋血疆场，创建晋察冀、晋绥、晋冀豫、冀鲁豫、山东等抗日根据地，同华北地

◎八路军太行纪念馆外景

◎八路军抗战纪念碑

区广大民众同仇敌忾、抗日御侮，夺取抗日战争最后胜利的全景式历程。

八路军游击战——窑洞战旧址复原，是修复、扩建了1公里长窑洞战旧址和地面上村落建筑相结合，辅助以现代化视频演示，原生态地再现了抗战时期的人民战争生活场景和战争场面。

八路雄风碑林公园，展示了党和国家领导人以及八路军将领等共300多位为八路军纪念馆的题词，修建了8000平方米的石刻碑林。

八路军八年抗战从4.7万人发展到102万人，先后建立了晋察冀、晋冀鲁豫、晋绥、山东等敌后抗日根据地，32万八路军将士为国捐躯，其中牺牲720多名正团以上领导。为纪念八路军丰功伟绩，弘扬八路精神，在馆区内凤凰山巅建有巍峨雄伟的“八路军抗战纪念碑”。

人民书写的历史

在伟大的抗日战争中，八路军出生入死，浴血奋战。为纪念这一光辉的历史，上世纪70年代末，老区人民开始倡议筹建八路军总部纪念馆，并呈送中央领导批示。

1979年9月28日，邓小平、杨尚昆、浦安修等一起审查陈列设计

◎邓小平题词的八路军太行纪念馆

方案时，邓小平指出“不要单纯反映领导机关和领导人，要把所有的八路军将士和根据地人民同仇敌忾反击侵略者的壮举都反映进去，历史是人民书写的。”并当场题写了“八路军太行纪念馆”的馆名。

根据邓小平的指示精神，该馆的展览指导思想是“全面反映、突出三个重点”，即：全面反映八路军和根据地史实，突出中共中央北方局、八路军总部和太行腹心基地。

现在，八路军太行纪念馆每年接待观众 60 多万人次，先后接待了党和国家领导人胡锦涛、江泽民、曾庆红、李长春、刘延东、刘云山、曾培炎以及杨尚昆、刘华清、宋平、陈锡联、李德生、秦基伟等老一辈无产阶级革命家。

太行精神

太行精神是国家和民族处于危亡的关键时刻，中国共产党领导太行儿女展现的不怕牺牲、不畏艰险的革命英雄主义精神，是在极其艰苦的条件下展现的百折不挠、艰苦奋斗的精神，是为民族的解放展现的万众一心、敢于胜利的精神，是为人民利益展现的英勇奋斗、无私奉献的精神。这种精神体现了中华儿女的英雄气概，证明了中华民族是不可战胜的民族。

抗日战争时期，中国共产党领导人民军队进行了八年艰苦卓绝的抗战。为了战胜日本帝国主义，中国共产党在领导建立了抗日民族统一战线后，根据同国民党达成的协议，于 1937 年 8 月将红军主力部队改编为“国民革命军第八路军”，朱德任总指挥，彭德怀任副总指挥。

改编后，遵照中共中央和毛泽东关于抗日战争的战略方针，八路军开赴华北前线，深入敌后，发动和武装广大群众，开辟了华北敌后战场，创建了晋绥、晋察冀、晋冀琼、冀鲁豫、山东等敌后抗日民主根据地。

1940 年后，日寇集中主力对华北抗日民主根据地进行分割、封锁、蚕食和反复扫荡，企图彻底摧毁八路军的生存条件。而此时国民党抗日更加消极。在这个困难时期，八路军经过艰苦斗争，战胜了重重困难，粉碎了日、伪军的反复“扫荡”。

从 1942 年冬起，根据地和八路军得到了新的发展，关于 1943 年转入局部反攻。1945 年 8 月 9 日，毛泽东发出了“对日寇的最后一战”的号召，八路军和新四军及其他人民武装一起举行了大反攻，取得了抗日战争的最后胜利。

8 年抗战，八路军从 4.7 万壮大发展到 102 万人，累计对日作战 10 万多次，毙伤、俘虏日伪军 125 万人，无数八路军将士为中华民族的独立与解放，献出了宝贵的生命，先后有 32 万将士为国捐躯，其中正团级以上 728 名。

“百团大战”纪念碑（馆）

概况

百团大战纪念馆位于山西阳泉狮脑山上，分上下两个展厅，展线长达 173 米，共展出照片 100 多幅，生动地再现了百团大战的英雄业绩。

纪念馆正面屏风上镌刻着原中顾委常委、当年参加百团大战的八路军 129 师 385 旅旅长陈锡联的题词：“百团大战功在千秋，爱国精

◎百团大战纪念碑

神永放光芒”，原中顾委常委李德生的题词：“百团大战功垂青史，先烈精神万世长存”。

展览共分四大部分。第一部分“惊世壮举，辉煌战果”，再现了百团大战的英雄业绩；第二部分“英雄史诗，宏伟工程”，展示了兴建百团大战纪念碑的远见卓识和建设过程；第三部分“不朽精神，深刻教益”，记述了后人对百团大战辉煌业绩的无限敬仰；第四部分是纪念百团大战的书画精品展示。整个展览史料翔实，选材得体．广征博引，真实生动，是一部内容丰富、形式生动的爱国主义好教材。

1997 年 6 月，百团大战纪念馆被中宣部评为第一批全国爱国主义教育示范基地。

百团大战纪念碑

1940 年下半年，彭德怀指挥八路军 129 师、120 师和晋察冀军区等共 105 个团 20 余万兵力，对华北地区的日军发动了一次进攻战役。这次战役共进行大小战斗 1800 余次，攻克据点 2900 余个，歼灭日伪军 45000 余人，缴获了大批武器、弹药和军用食品等，沉重打击了日军，极大地鼓舞了中国军民抗战的斗志，史称“百团大战”。

为纪念“百团大战”的伟大胜利，缅怀英勇牺牲的抗日先烈，1985 年 4 月，中共阳泉市委、阳泉市人民政府报请中共山西省委批准，

决定在狮脑山主峰兴建“百团大战纪念碑”，于1987年6月30日建成。

纪念碑坐北朝南，由主碑、三座副碑、一座大型圆雕、两座题字碑、四个烽火台和长227米蜿蜒起伏的“长城”组成。

主碑高40公尺，形如一把锋利的刺刀，寓意百团大战发生于1940年，象征着中华民族不畏强暴、威武不屈、抗击外敌的革命精神。

主碑的三个面上，分别镌刻着彭真、徐向前、薄一波的题词。彭真的题词是“战绩辉煌，永垂史册”；徐向前的题词是“参加百团大战的烈士们永垂不朽”；薄一波的题词是“百团大战，抗日战争中最光辉的一页，必将载诸史册，永放光芒。”

三座副碑，形如军旗，象征着参战八路军129师、120师和晋察冀军区三支大军。三座副碑之间相距105公尺，寓意参加战役的105个团。

碑群前面有一座大型锻铜浮雕——“奋起的母亲”，她象征着我们的祖国处于水深火热之中，正在奋起反抗，摆脱锁链。3座副碑上镀着6块巨大的锻铜浮雕，生动地反映了百团大战中军民“出击”、“破路”、“攻坚”、“支前”、“转移”、“胜利”的情景。

由三角形平台往下，从第一座题字碑到主碑之间形成了三个阶段，寓意百团大战经历的三个阶段。再往下沿东西两侧设有4个烽火台，由227公尺蜿蜒起伏的“长城”连接，寓意中国共产党领导的人民军队，是中华民族坚不可摧的钢铁长城。

整个纪念碑建筑群，结构严谨，美观新颖，气势雄伟，威严壮观，反映了闻名中外的“百团大战”的宏伟气魄。

在纪念碑建筑群周围，还修筑了供人们游览和休息的添翠楼、蒲台、蘑菇亭，并修复了禅岩、蒲台两座古寺，新植了大片林木，使具有光荣革命历史的狮脑山更加壮丽、秀美。

聂荣臻和日本小女孩

“聂荣臻和日本小女孩”是百团大战中的一段佳话。

1940 年 8 月 20 日晚 10 点，根据八路军总部命令，聂荣臻下令进攻井陉矿区。经过一夜的激战，终于将煤矿夺回。大家都沉浸在胜利的欢乐之中。这时聂荣臻突然接到报告说，部队从煤矿里救出两个日本小孩。

聂荣臻急忙赶去看望。救出的两个日本小姑娘，一个 5 岁，叫美穗子，另一个是她的妹妹，只有三个月，她们是井陉火车站日本副站长的孩子，如今父母都已死于战火中。

聂荣臻先抱起襁褓中的婴儿，查看了她的伤口，看到孩子睡得很安稳，这才放心了。然后又蹲下身子拉着美穗子的手，拿梨给她吃。随后他站起身来，对大家说："你们做了件非常有意义的事情。共产党领导的人民武装是正义之师、仁爱之师。每位战士，除了热爱自己的国家，还要有高度的国际主义精神。救助这两个日本小孩，正是这种精神的体现。"

如何安置这两个小孩，让聂荣臻煞费苦心。战时的环境不允许他收养这两个小孩，可想到她们身在异国，父母双亡，又不免痛心。于是决定把她们送回日本军营。他找来了一位政治可靠体格健壮的老乡去送，并且给日军写了一封信。

日本军官士兵诸君：

日阀横暴，侵我中华，战争延绵于兹四年矣。中日两国人民死伤残废者不知凡几，辗转流离者又不知凡几，此种惨痛事件，其责任应完全由日阀负之。

此次我军进击正太线，战士于井陉火车站炮火中救出日本弱女二人，其父母均不幸死于炮火中，二名孤苦之幼女，一女仅五六岁，一女尚在襁褓之中，二女彷徨无依，情殊可悯，经我军收容后，兹特着人送还。

中日两国人民本无怨仇，但日阀军政，逞其凶毒，致使日本人民起居不安，背井离乡。对中国人民更是烧杀淫掠，惨无人道，死伤流亡，痛剧创深，此实中日两大民族空前之浩劫，日阀之万恶罪行也！

我八路军本着国际主义精神，至仁至义，有始有终，必当为中华民族之生存，与人类之永远和平而奋斗到底，必当与野蛮横暴之日阀血战到底，故望君等幡然觉醒，与中国士兵、人民齐心合力，共谋解放，则日本幸甚，中国亦幸甚，专此，即颂，安好。

聂荣臻

1940 年 8 月

1981 年，45 岁的美穗子专程访华，感谢聂荣臻的救命之恩和中国人民的友好情谊，为中日友好谱写了新的篇章。

刘胡兰纪念馆

概况

刘胡兰纪念馆位于山西省文水县刘胡兰镇，于 1957 年 1 月 12 日，刘胡兰就义 10 周年时落成并对外开放。1959 年改称刘胡兰纪念馆。1959 年、1976 年曾两度调整布局，重新整修扩建，1997 年被中宣部评为首批百个全国爱国主义教育示范基地。

纪念馆现占地面积 63000 余平方米，位居全国个人烈士纪念馆首位。主要建筑物有毛泽东题词纪念碑、刘胡兰事迹陈列室、七烈士纪念厅、刘胡兰雕像、陵墓和观音庙等。整体建筑以纪念碑与陵墓为中轴线对称分布，凝重典雅。

走进大门，宽敞的广场首先映入眼帘，高大的汉白玉纪念碑耸立在花坛中央。碑的正面，有毛泽东的亲笔题词：“生的伟大，死的光荣”8个大字。碑的背面，镌刻着《中共中央晋绥分局关于追认刘胡兰同志为中国共产党正式党员的决定》。

纪念碑后面是刘胡兰事迹陈列室，正面栏柱中央悬挂着郭沫若所题馆匾“刘胡兰纪念馆”。周围的火炬象征着中华儿女“发扬胡兰精神，献身四化大业”的信心和决心。

这里陈列着刘胡兰的遗物和反映她生平事迹的绘画、雕塑、照片、文献资料等。碑廊中陈列着朱德、邓小平、董必武、乌兰夫、郭沫若、谢觉哉等老一辈无产阶级革命家及江泽民题词的汉白玉石碑。碑廊北侧分别是刘胡兰事迹影视室，纪念刘胡兰就义书画展览室。

走出陈列室，翠柏中是一座宫殿式建筑——七烈士纪念厅，这里有反映七烈士刑场斗争的雕塑和生平陈列。

穿过大厅是陵园，刘胡兰的忠骨就安葬在北端正面高台上，台上柏翠松苍，墓上绿草茵茵；墓前是采用优质湖南汉白玉雕塑的刘胡兰雕像，雕像气宇轩昂，正气凛然，令人肃然起敬；雕像西侧是碑亭，亭内陈放着中央人民政府北方老根据地访问团晋绥分团1951年给刘胡兰竖的墓碑；东侧生死树下是刘胡兰被捕处，旁边的观音庙是烈士受审处，石雕花圈为刘胡兰就义处。

刘胡兰的纪念

刘胡兰牺牲后，1947 年 2 月 6 日，《晋绥日报》详细报道了刘胡兰英勇就义的过程，同时还配发了一篇评论文章，号召解放区人民向刘胡兰学习，刘胡兰的事迹得以家喻户晓。

不久，延安各界慰问团前往山西慰问人民解放军。在文水县活动期间，副团长张仲实听到了刘胡兰的英雄事迹，非常感动。于是将这件事情汇报给中央书记处书记任弼时，并请求毛主席为刘胡兰题词。任弼时答应将他的意见转告给毛主席。毛主席听完汇报后心情非常沉重，于 1947 年 3 月 26 日题写了“生的伟大，死的光荣”八个大字。后来因为战争关系，不慎遗失。

1956 年 12 月，在刘胡兰逝世十周年时，共青团山西省委恳请毛主席重新为刘胡兰烈士题词。于是，毛主席于 1957 年 1 月 9 日第二次为刘胡兰题词。

后来，邓小平、江泽民也先后给刘胡兰题过词。在革命战争年代英勇献身的英烈中，由毛泽东、邓小平、江泽民三代领导人题词的革命烈士，只有刘胡兰。

毛泽东题词：生的伟大，死的光荣

邓小平题词：刘胡兰的高贵品质，她的精神风貌，永远是中国青年和少年的学习榜样。

江泽民题词：发扬胡兰精神，献身四化建设。

怕死就不当共产党

刘胡兰，原名刘富兰，1932 年 10 月 8 日出生于山西省文水县云周西村一个中农家庭。刘胡兰 8 岁上村小学，10 岁起参加儿童团，被选为村儿童团长，带领伙伴站岗放哨查路条，侦察敌情，运送武器弹药等。

◎刘胡兰画像

◎毛泽东为刘胡兰题词

1945年10月，13岁的刘胡兰离开家人只身到汾河贯家堡，参加了妇女培训班，被选为小组长，潜心学习。结业回村后，她担任了村妇救会秘书，组织妇女办冬学，帮助烈士家属解决困难，支前和慰问部队等。1946年6月，刘胡兰被吸收为中共预备党员，并被调回云周西村领导当地的土改运动。

1946年秋天，阎锡山部对晋中平原开展大规模的扫荡。为了保存革命力量，文水县委决定大批干部转移上山，只留下少数干部组成武工队。刘胡兰虽然也接到了上山的通知，但她主动要求留下来坚持斗争。

1946年12月，刘胡兰配合武工队，将经常给阎锡山军队送粮送情报的石佩怀处死。阎锡山部恼羞成怒，决定实施报复行动。不久，阎锡山部向文水一带发动大举进攻，并抓走了共产党的地下交通员石三槐、民兵石六儿等人。形势非常危急，上级向刘胡兰传达了立即上山的紧急命令。

不料，敌人突然包围云周西村，并封锁了各个路口。敌军特派员张全宝鸣锣召集全村群众到观音庙开会。由于叛徒告密，一个“复仇队员”认出了刘胡兰。

◎刘胡兰雕像

刘胡兰明白这将是一场生与死的考验。她镇静地把奶奶给的银戒指、八路军连长送的手绢和作为入党信物的万金油盒——三件宝贵的纪念品交给继母。随后，她就被气势汹汹的敌人带走了。

敌人在观音庙的西厢房里开始审讯刘胡兰。敌人见她年纪小，妄图从她身上打开缺口，进而破获云周西村的地下党组织。但是敌人大错特错了，他们从刘胡兰嘴里得不到任何有关共产党的消息。

张全宝哄骗道："你自白吧，自白就是自救，而且我还会给你一块土地。""你就是给我个金人，我也不自白。"刘胡兰斩钉截铁地说道。张全宝听后气得直拍桌子，吼道："你小小年纪嘴竟然这么硬，难道你就不怕死?"刘胡兰又厉声答道："怕死就不当共产党。"

张全宝恼羞成怒，指使叛徒把石三槐、石六儿、张年成、石世辉、刘树山和71岁的陈树荣处死。敌连长问她："怕不怕?"她坚定地回答："死也不投降!"她毫无惧色，双目怒视着匪徒，问："我怎个死法?"张全宝狂叫道："一个样!"并命令机枪瞄准群众。

为了保护乡亲们不受到伤害，刘胡兰挡在乡亲前面，大声叫道："住手！要死，我一个人死，不许伤害群众。"刘胡兰最后看了一眼自己的乡亲，算作是最后的告别，然后昂首挺胸，大步向铡刀走过去。就在生命的最后一刻，她还在高呼："中国共产党万岁！毛主席万岁!"不满15岁的刘胡兰就这样为革命事业献出了自己的宝贵生命。

全国解放后，刘胡兰的事迹被写成书，改编成戏剧、电影、电视剧，生前住过的村子曾改名为"刘胡兰村"。

黄崖洞革命纪念地

概况

黄崖洞革命纪念地，位于黎城北部 45 公里东崖底镇上赤峪村西。1939 年 7 月，八路军总部军工厂将榆社韩庄修械所迁到黄崖洞水窑山进行扩建。半年后发展成 700 多人的兵工厂。生产步枪、刺刀、掷弹筒等各类武器和弹药，年生产量可装备 16 个团。

1941 年 11 月，日军调集 5000 余兵力，大举进犯黄崖洞兵工厂。守备兵工厂的八路军总部特务团和当地民兵密切配合，在八路军副总参谋长左权、特务团团长欧致富、政委郭林祥的指挥下，经过八昼夜的浴血奋战，歼敌千余人，胜利地保卫了兵工厂。

1942 年 9 月，为纪念在保卫战中牺牲的革命烈士，水窑山中建起了一座烈士公墓和一座 7 米高的纪念碑，碑文上刻着 43 位烈士的英名和原八路军总部特务团团长欧致富撰写的碑文。

◎黄崖洞兵工厂旧址外景

1971年，山西省委又修建了“黄崖洞保卫战殉国烈士纪念塔”。1985年省、地、县三级政府对黄崖洞遗址进行大规模的修整，修复了兵工厂厂房，新建了牌楼、纪念塔、展览馆、镇倭塔及一些风景建筑。

牌楼雄伟壮观，正中是原中共中央军委主席邓小平亲笔题写的“黄崖洞”三个遒劲的金色大字。纪念塔正面工笔隶刻“黄崖洞殉国烈士永垂不朽”。

展览馆收集了大量珍贵史料和实物。展览馆前依次竖立了14块石碑，分别刻着薄一波、李雪峰、陈志坚、欧致富等领导人的题词。

2001年6月，黄崖洞革命纪念地被中宣部评为第二批全国爱国主义教育示范基地。

黄崖洞兵工厂保卫战

黄崖洞兵工厂是八路军总部在太行山创建最早、规模最大的兵工厂，年生产的武器弹药可装备16个团，被朱德总司令誉为“八路军的掌上明珠”。

黄崖洞兵工厂的发展，令日本侵略者感到非常恐惧。于是，日军于1941年11月，在飞机掩护下，出动5000多装备精良的主力，对黄崖洞兵工厂发动围攻，妄图彻底捣毁兵工厂。

从11日拂晓至13日拂晓，日军对黄崖洞防御阵地发动了数十次进攻，使用了强攻、偷袭、牛羊踏雷、施放毒气等各种手段。八路军防御部队巧妙地进行了阻击，日军伤亡近千人，却仍无法突破防线。

日军于是改变了策略，不仅加强了兵力、火力，甚至使用了火焰喷射器。面对如此猛烈的进攻，在黄崖洞水窑口守卫的战士与敌人展开了地雷战、肉搏战。一时间，山石上血迹斑斑，阵地前尸骨累累，敌人却始终没能够越过水窑口。

敌人变得更加疯狂，使出了最毒辣的手段——向八路军阵地前沿

◎黄崖洞保卫战烈士纪念碑

发射燃烧弹。阵地前霎时烈火熊熊，一片烟雾。敌人趁机涌上前来。在这万分危急的时刻，特务团八连八班班长王振喜带着满身烈火，跃出工事，向敌人猛烈射击、投弹，与敌人展开了肉搏，其他战士也纷纷跳出来与班长一起战斗。王振喜等 12 名勇士全部壮烈牺牲。

18 日，日军在飞机的掩护下，又分兵三路进攻 1 营阵地。坚守在南山某高地的 2 连 1 排官兵，与敌人白刃格斗，有个战士把敌人引到山顶，等他们靠近时投出最后一枚手榴弹，自己纵身跳下悬崖。

经过八路军战士的浴血奋战，终于打退了敌人的猛烈进攻，至此黄崖洞保卫战结束。

在黄崖洞保卫战中，八路军以不足一个团的兵力歼敌 1000 余人，创造了敌我伤亡 6∶1 的战绩，“开中日战况上敌我伤亡对比空前未有之记录”赢得保卫黄崖洞兵工厂的伟大胜利。八路军总部特务团，因此荣获了“黄崖洞保卫战英雄团”的称号。

太原解放纪念馆

概况

太原解放纪念馆位于太原市东山牛驼寨，其前身是牛驼寨烈士陵园，建于 1959 年。1988 年改扩建后，分为纪念碑区、展览区、陵墓区三部分。2001 年 6 月，纪念馆被中宣部评为第二批全国爱国主义教育示范基地。

纪念碑区由凯旋门、太原解放纪念碑主碑、副碑等建筑组成。纪念碑高 49.424 米，造型独特，形似巨大钥匙的碑上镌刻“太原解放纪念碑”七个鎏金大字，与暗红色的钥匙碑一起象征太原获得解放，从此通往幸福之门。

主碑西南侧是一副碑，形似被炸开的碉堡。碑直径 24 米，四壁镶嵌着大型浮雕，生动地反映了太原人民解放前的苦难生活和反抗压迫、争取解放的斗争精神。

拾级向东穿过牌楼，进入展览区，首先映入眼帘的是毛泽东题写的“死难烈士万岁”的烈士纪念碑。南北展室相映成趣，浑然一体。为了真实再现太原解放历史全貌，整个展览室从征集到的 2000 余万字的文献资料和 700 余幅历史资料照片中整理成 8 万余字的展出文字，500 余幅照片，从六个不同侧面历史地再现了太原解放的雄伟画卷和战斗史实。

循东进入墓区，一片苍松翠柏，郁郁葱葱，这里安放着当年在

◎太原解放纪念馆

解放太原攻打东山牛驼寨等四大要塞时英勇牺牲的1898位烈士的遗骨。

墓地中央，矗立着烈士纪念堂，这座采用重檐结构，古朴典雅的宏大建筑坐落在绿丛之中，堂内嵌刻着解放太原战役英勇牺牲的5500多位烈士的英名，他们为无产阶级革命事业勇于献身的精神将彪炳于册，永垂青史。

历史印迹

牛驼寨位于太原东山，这片土地曾是解放太原的主战场之一。牛驼寨地势陡峭，沟壑纵横，自古以来就是兵家攻守太原的军事要塞，有“太原门户”之称。

太原战役从1948年10月5日发起，到1949年4月24日结束，历时六个多月，共计歼灭敌军135000余人，其中俘虏77000余名，包括师级以上军官40余人。解放军为攻取这座坚固设防的城市也付出了巨大代价，共计伤亡45000余人，远远超过了突破长江天堑的渡江战役。太原战役，是国共内战期间，历时最长、参战人员最多、战斗最激烈、伤亡最惨重的城市攻坚战。

为了缅怀革命先烈，启迪后人，1950年3月25日，山西省政府在太原海子边人民公园，为牺牲在解放山西和太原战场上的烈士立碑并塑像纪念。徐向前在纪念碑东侧题词：“浩壮高恒吕，泽惠过汾漳”。

◎牛陀寨战斗遗址

1959年，中共太原市委、市人民政府决定在牛驼寨修建革命烈士陵园。陵园建成之后，经过四次大的扩建修葺。1988 年，市委决定在牛驼寨烈士陵园的基础上，扩建太原解放纪念馆。这项工程于 1988 年 3 月 24 日破土动工，1989 年 4 月 24 日太原解放四十周年之际竣工落成。

历史将永远铭记这场持续了六个多月的残酷战役，这片热土将永远铭记发生在那场战役中每一个荡气回肠的故事。

艰难的城市攻坚战

城墙是冷兵器时代保卫城市的坚固防线，明初大规模的修造留下了大量古城，它们在民国军阀混战、抗日战争和解放战争的现代战争中依然起到了极为重要的防御作用。

在解放太原的战斗中，解放军 65 军在进攻迎泽门时打得十分艰苦。仅 1949 年 4 月 22、23 日两天，该军进攻大南关的战斗就打得万分惨烈。为夺取迎泽门外的防御屏障，在战斗结束后，几个主要进攻连队都只剩下十几名战士。

23 日夜，65 军突击部队在距迎泽门五百米处隐蔽着。子夜未过，在阎军炮火的轰击下，伤亡就开始出现了。579 团 1 连的支援组伤亡 13 人，差不多全被打光。24 日清晨，迎泽门一带的突破口没有能够在预定时间内炸开。

准备强行登城的突击队接近迎泽门后，才发现城门外仍有阎军碉堡未被炸毁。前进的道路被火力封锁了。无奈之下，突击队只好放弃原定突破口，抬着笨重的云梯涉水穿越城墙外的海子，也就是后来的迎泽湖，绕到城门东面的第一个城墙突出部强行登城。

由于行动的隐蔽和出其不意，突击队最终登城成功。但阎军很快反扑，密集的炮弹和子弹射向城下拥挤的登城部队。战士们暴露在光天化日之下，毫无遮蔽，造成了巨大伤亡，横躺竖卧的尸体和痛苦挣扎的伤员到处都是。

云梯被阎军炸断后，登城曾一度中断。此时登上城头的已有50余名官兵，被迫孤军奋战。在这万分危急的时刻，65军另一支连队用1250斤炸药将大南门炸塌了。阎军迎泽门一线的防御体系随即崩溃瓦解。

在进攻迎泽门的战斗中，579团1连荣获“登城先锋”和“军政全胜”两面锦旗，100多名战士只剩下30多人。

太行太岳烈士陵园

概况

太行太岳烈士陵园，位于山西省东南部长治市市区梅辉坡，1951年落成。陵园是为纪念抗日战争中在太行、太岳两根据地牺牲的烈士而建。2001年，陵园被中宣部评为第二批全国爱国主义教育示范基地。

陵园坐北向南，四周灰砖砌筑，总面积9万余平方米。陵园开南、东两个门，南门为陵园正门，两侧是八路军老战士戎子和亲笔题写的楹联“英雄功劳换来民族幸福，烈士血汗奠定国家安全”。

◎太行太岳烈士陵园

陵园的中心耸立着太行太岳烈士纪念碑，碑高23米，是陵园内最突出的建筑物。碑身内部全是大青石，表面贴5厘米厚的白色大理石。通身洁白的纪念碑象征着先烈们的高尚品质。

◎太行太岳烈士纪念塔

碑的正面是晋冀鲁豫边区人民政府主席程子华题写的“太行太岳烈士纪念碑”九个丹漆大字。背面是邓小平的题词：“人民永远纪念着你们”。

碑的底部四面分别刻着刘伯承、徐向前、杨秀峰、李达、戎子和、裴丽生、王新亭、王鹤锋等领导人的题词，以及薄一波撰写的碑文。

纪念碑北面的正中央，是一座十分壮观的“品”字形烈士纪念堂。纪念堂正中央悬挂着毛泽东、刘少奇、周恩来、朱德、陈云、邓小平等党和国家领导人的巨幅画像。四周悬挂着33位烈士的遗像，安放着烈士们的骨灰盒。其中有八路军著名的高级指挥员、八路军副总参谋长左权等五位将军，还有长征时强渡大渡河十八勇士之一的周平烈士，活捉侵华日军驻山西总顾问铃木川山郎少将的太行一等杀敌英雄赵亨德。

纪念堂东西两侧是烈士陈列馆，馆内陈列着120余位革命烈士遗像和英雄事迹。他们为了抗击日寇，保卫祖国，从祖国各地来到太行、太岳抗日革命根据地，在对敌作战中英勇战斗、舍生忘死，流尽了自己最后一滴血。

老二团团长叶成焕

叶成焕，1914年生于河南新县。1929年参加革命，同年加入中国共产党。1930年参加鄂豫皖红军。他屡建战功，是红四方面军的一员虎将。

日本发动全面侵华战争后，叶成焕担任八路军129师772团团长，他按照党中央关于在太行山一带建立敌后抗日根据地的战略部署，带领772团挺进太行山地区。

772团初上太行山，在叶成焕指挥下，接连在长生口、七亘村、黄岩底打了几个漂亮仗，打出了“老二团”的威风。人们常称誉772团的战斗精神：“攻如猛虎，守如泰山，百战百胜，772团”。

1938年3月，八路军129师在神头岭设计了一个打击敌人的大计划——“攻其所必救，歼其救者”。令385旅的769团为左翼队，袭击黎城，引诱潞城的敌人来援；以386旅为右翼，在潞城与潞河村之间的神头岭地区设伏，歼灭由潞城向黎城增援之敌。

陈赓旅长根据勘察，在神头岭地区给日军布置了一个“口袋”：772团实施主要突击，埋伏于邯（郸）长（治）公路以北、神头以东高地及安岭西北高地；由辽县、黎城、涉县一带的游击队和民兵组成的补充团于对面的鞋底村一带埋伏。

3月15日天刚蒙蒙亮，已经埋伏好的叶成焕从望远镜里看到公路上尘土飞扬，知道敌人接近埋伏区了。他立即向设伏部队发出“注意隐蔽，准备战斗”的命令。

9时许，日军前来黎城救援。前后是步骑兵，大车队居中，拉了几里长。敌先头部队进至神头村集结休息，派出骑兵搜索分队向772团一营埋伏地点搜索。

八路军战士设伏的工事距大路仅20多公尺，眼看着敌人骑兵就要踩到战士头上了，设伏战士们屏住了呼吸。幸好敌人丝毫没有察觉藏在工事里的战士。不一会，敌人的大队人马终于大摇大摆地钻进了八路军布好的口袋里。埋伏在申家山的772团二营冲出去，将敌人切成数段。鬼子失去了指挥，四处奔逃。

在日军即将被全部歼灭之时，一股约300多人的残敌突然窜向神头村。叶成焕见状，立即按旅长的命令先派一个排向敌人出击，随后他亲率一个连扑向神头村。于是，叶成焕指挥八连同约300个鬼子展开了空前激烈的拉锯战。溃散的敌人顶不住八路军战士的猛打猛冲，被全部消灭。

1938年4月15日，陈赓奉命率领部队沿浊漳河追击向长乐村撤退的日军。16日清晨，叶成焕率领772团向日军发动突然袭击，将日军拦腰截断，战斗随即展开。日寇为了突出重围，向772团据守的阵地发起了数次猛攻。叶成焕命令特务连抢占优势地形，再集中火力对付日军，打垮了敌人的数次进攻。

在长乐村战斗中，叶成焕率领772团的全体将士与日军进行了殊死搏斗。然而，就在日军即将被歼灭时，敌人的增援部队赶到，使得战斗再次陷入了困境。作为主力部队的772团已经与敌人激烈拼杀了一天，再对付援敌已经十分困难。这时，129师师长刘伯承果断下令，让主力部队撤出战斗。就在这时，一枚子弹击中了叶成焕的头部。当战士们把受伤的叶成焕用担架抬下战场的时候，他的嘴里还依然不停地念叨自己的队伍。叶成焕最终因为重伤不治，壮烈殉国，年仅23岁。

2009年9月，叶成焕被评为100位为新中国做出突出贡献的英雄模范之一。

平型关战役遗址

概况

平型关位于山西省繁峙县城东北65公里处，是明代修建的内长城的一处有名的关隘。这里是一道很狭长的古道，东通冀北，西抵雁门

关，自古以来就是兵家必争之地。城东 2.5 公里处为关门，门洞内置一块大型石碑，上镌“平型关”三个大字，字体雄健峭拔。

平型关战役遗址，位于平型关东北 5 公里的山西省灵丘县小寨、关沟一带，沟谷全长 7 公里左右，两边是高数丈的陡崖。遗址主景区规划面积 4.8 万亩，包括平型关关口、战役纪念馆、主战场乔沟、老爷庙、邓峰寺五个主要景点。

老爷庙坐西朝东，依山而建，前低后高，是沟壑的制高点，为敌我争夺战最激烈的地方。在战役中是八路军 686 团指挥所，战后全师聚于此庙前举行祝捷大会。

1970 年在老爷庙对面建立的平型关战役纪念馆，建筑面积 825 平方米，展出面积 163.2 平方米，由序厅、三个独立单元的主展厅、一个实物陈列厅和半景画馆组成。二楼设有缅怀厅。

半景画馆是纪念馆的重要组成部分，面积约 450 平方米，由半景油画、地面塑形、六台电脑和六台投影组成；通过声、光、电等技术手段再现平型关大捷战斗的整个过程。

2001 年 6 月，平型关战役遗址被中宣部评为第二批全国爱国主义教育示范基地。

平型关大捷

七七事变后，日本帝国主义集中大量兵力，叫嚣要在三个月内灭亡中国。日军进攻矛头直指太原，而太原的门户正是平型关。日军企

图攻取平型关，打开夺取太原的门路。

1937 年 9 月，日军沿平绥铁路推进到山西北部，占领天镇、广灵、大同。阎锡山指挥的晋绥军纷纷撤退到雁门关。八路军总部指示 120 师从西面驰援雁门关，115 师从东面配合友军作战，攻击从灵丘增援平型关的敌人。

15 日，115 师先头部队进抵平型关附近，派出侦察部队对平型关地区地理情况和敌情展开调查，为歼敌做好各种准备。24 日，晋绥军第二集团军、第六集团军拟定“平型关出击计划”。

24 日晚，115 师师长林彪在电话上同晋绥军第六集团军总司令孙楚说：“我师已达目的地，准备明日拂晓出击，请你们派部队协助，先把此股敌人歼灭。”孙楚答：“太好了，我命郭宗汾师长率 4 个团从平型关左翼出击。”

林彪师长即命令部队 25 日零时出发。战士们顶着狂风暴雨，终于在拂晓前到达指定地区。全师主力被布置在平型关到东河南镇 10 余里长的公路南侧山地边缘上。343 旅之 686 团位于白崖台附近，左侧是 685 团，右侧是 687 团，115 师第 344 旅 687 团断敌退路并打援敌，688 团作为预备队。

这一部署使得敌人完全处于包围圈伏击之中。八路军同时又以一部从关沟出发，主动接应晋绥军郭宗汾师的出击部队。

25 日晨 5 时半左右，日军第一辆汽车进入伏击圈。115 师副师长聂荣臻传令：沉住气，收到命令再开火。坂垣师团第 21 旅团千余人及汽车、大车 300 余辆进入伏击圈后，115 师某团 5 连连长曾贤生用手榴弹炸毁敌人最后一辆汽车，首先发起冲杀。敌人退路被截断，于是拼命对公路两侧制高点——老爷庙进行反复争夺。

战斗非常激烈，一直持续到 27 日白天。日军最终没有冲破包围，坂垣师团 21 旅遭到毁灭性打击。

此战取得重大战果。八路军 115 师共击毙日军 1000 余人，击毁汽车100余辆，马车200余辆，缴获步枪1000余支，机枪20余挺，火炮一门，以及大批军用物资，取得了全国抗战开始以来中国军队的第一个大胜利。

抗日首胜之战

平型关战役是中国抗战以来中国共产党军队的第一个大胜仗，消灭日军1000多人。从整个抗日战争的历史看，虽然不是大仗，但它震动全国，意义深远。

第一，抗战以来，中国军队英勇奋战，但并没有很好的战绩。当时，南线的淞沪会战一直处在胶着状态，中国军队伤亡惨重。保定、石家庄等大城市和平汉、津浦路北段的大片土地迅速沦陷，阎锡山的晋军也面临同样的战况。平型关战斗干净利索地消灭日军1000多人，是全国抗战以来中国军队的第一个大胜仗。

因此，国民政府称："此为华军在平绥线之空前胜利。"而它更重大的意义是极大地鼓舞了全国人民的抗日斗志，正如时任国民党第二战区战地动员委员会主任委员续范亭所指出的：平型关战役的特别意义，"在于打破了'皇军'不可战胜的神话，提高我们的士气。"

第二，平型关战役对日军的痛击，既打破了日军突破平型关、打击中国第二战区部队，从右翼配合日军华北主力在平汉路作战的战略企图，又顿挫了日军向山西腹地深入的进攻势头，挫伤了日军的锐气，使之再不敢贸然深入，为中国方面部署忻口会战提供了时机。中国正面军队的抗战也就得到了有力的支援。

第三，八路军的武器装备简陋，远远不如国民党军队，却敢于主动迎战日军的主力师团，并且首战大捷，突出显示了八路军的战斗力，因此极大地提高了八路军的威信，提高了中国共产党的威信。

第四，平型关战役增进了中国共产党领导人对抗日战争规律的认识。毛泽东根据平型关战役的经验，在1937年9月29日进一步提出八路军的作战方针："根本方针是争取群众，组织群众的游击队。在这个总方针下，实行有条件的集中作战。"不久，他把它概括为"独立自主的游击战和运动战"，中国共产党领导抗日战争的作战指导思想由此得到了完善。

山西省国民师范旧址革命活动纪念馆

概况

山西国民师范旧址革命活动纪念馆，简称国师纪念馆，位于太原市五一北路 245 号，原名"山西省立国民师范学校"。国师纪念馆是太原市内唯一保存下来的较为完整的一处革命旧址，于 1991 年 9 月 18 日正式开馆，2001 年被评为第二批全国爱国主义教育示范基地。

纪念馆前身为山西省立国民师范学校。在第一、二次国内革命战争时期和抗日战争爆发前夕，曾两度成为中国共产党在山西的重要活动基地。徐向前、薄一波等无产阶级革命家就是在这里受到马列主义的启蒙教育，走上革命道路的。山西第一支抗日武装——山西青年抗敌决死队也诞生在这里。为了弘扬革命光荣传统，办好爱国主义教育基地，省、市政府拨款对国民师范进行了维修、保护。

◎山西省国师纪念馆

修复后的纪念馆占地面积6600平方米（不足原规模的二十分之一），除集中地有代表性地体现了当年原有风貌外，门外又增建了介绍国民师范革命活动的照壁，配套的东陈列廊，西展厅和接待室，形成了完整的参观路线。

馆内展出有1万余份有价值的文物资料，1.6万余幅历史照片和900余件文物。其中，国民师范印制的10余种教科书、牺盟会会员证、国民师范学校学生同学录等为该馆的重要收藏。

办公楼、东图书馆内展出的“山西国民师范原址模型”、“牺牲救国同盟会展”、“山西抗敌决死队战斗历程展”，“中共太原地区斗争史展”等十二个部分以及一些辅助展，从不同角度展示了国民师范不同阶段的光辉革命历史，再现了革命活动的场面。

从文化学校到革命熔炉

山西省立国民师范学校是一所由阎锡山创办、专门培养全省小学教师的师范学校。它由学校校本部、体育场、农场三部分组成。整个校园占地面积20万平方米，教室、办公室、宿舍、实习工房290余间。开设的科目有国语、数学、历史、军事训练、实习工厂等。在太原市当时中等专业学校中办得最好，规模最大。

早在1924年春，国民师范学生梁其昌、韦思恭和纪秀川等就在这所校园里秘密建立了国民师范第一个社会主义青年团支部，创办了党、团的外围组织，“青年学社”和“青年墙报社”、“国语辩论会”等十余个群众团体。这些群众团体以共产党员、青年团员为核心，是共产党宣传革命的阵地和联系青年的纽带。首次以“打倒总干事，赶走班主任，成立学生会、参加省学联”为斗争目标的学生运动就是由他们开展的。

1926年，山西党组织又在国民师范建立了以薄一波为书记的国师党支部，发展党、团员220余人，为黄埔军校培养了一大批学员。徐

向前、薄一波，程子华、王世英等老一辈无产阶级革命家以及很多老同志，都是在这里受到马列主义的启蒙教育、走上革命道路的。

1928 年至 1936 年夏，省城党组织工作已转到农村，但国民师范的革命活动却没停止，仍在秘密地进行。他们依靠“山西互济会”、“社会科学联合会”，“红军之友社”等许多党、团外围组织，播种革命火种。

1934 年在“互济会”党、团书记李雪峰和“山西红军之友社”负责人刘耀夫的直接组织和领导下，在全市中等以上学校开展了空前规模的反会考斗争，发动全市学生举行游行、请愿，并成立了“太原市中等学校应届毕业生同学会”。通过这次斗争，国民师范发展了一大批党、团员，还有一大批进步青年参加了党团组织的外围学术团体。

由此，阎锡山发现国民师范是一团熊熊燃烧的革命烈火，于是决定从 1934 年下半年开始不再招收新生。1935 年 12 月 9 日，北平爆发了学生抗日爱国运动，太原各大、中学校在国民师范大礼堂开会，成立了“太原学生抗日救国联合会”。不久，反动当局以“吊打官警、宣传共党”为由，将共产党员段若宗，学生领袖乔增禄杀害。

当局于 1936 年停办了该校，至此，结束了山西省立国民师范学校的历史。

牺盟会

1937 年至 1939 年 11 月，中共山西省工作委员会（公开）和山西牺牲救国同盟会在国民师范办公。

在这里，牺盟会为发动、组织群众，培养干部，建立武装，发展山西抗战局面，推动抗日民族统一战线，做出了重要贡献。中共中央北方局曾给予充分肯定，并指出，“牺盟会这一组织不仅在山西的民众运动中曾起领导作用，并且又进入到政府和军队中间，开始了政治结构的改革，创立了新军，在推动山西进步和发展统一战线，坚持山西以至华北抗战上曾起到光辉的作用。”

1936 年至 1937 年秋，在中共山西省工作委员会的直接领导下，牺盟会在这里举办了“军政训练班”，“民训干部教练团”。战地总动会军事部在这里举办了“游击干部训练团”，学员来自二十几个省市及海外华侨中的进步知识青年，为共产党培养军政干部四千多名，有“大革命时期的黄埔军校”之美誉。

周恩来、刘少奇、徐向前、彭德怀、杨尚昆、程子华、周小舟等同志曾来这里指导过工作，有的还为牺盟会干部和“军政训练班”学员作过重要报告。1937 年 8 月，共产党在这里建立了以“军政训练班”、“民训干部教练团”和“国民兵军官教导团”部分学员为骨干的抗日武装——山西青年抗敌决死队，为山西新军的创建奠定了基础，抗日武装力量也得到了壮大。

麻田八路军总部纪念馆

概况

麻田八路军总部纪念馆坐北朝南，坐落在距左权县城南 45 公里麻田镇上麻田村西南部。

纪念馆由三个院落组成，砖木结构瓦房 30 余间。分别为总部办公室、邓小平旧居、左权旧居。

总部办公大院为当时的办公室，东面七间展出的是当时抗战的实物、照片等，西面四间是彭德怀副总司令的宿舍兼办公室，宿舍按彭总当时居住的原样陈列。办公室的陈列为反映彭总指挥八路军抗战的照片和生活用品。南房为何廷一、滕代远的宿舍兼办公室。整个院落布置井然有序，是人们缅怀老一辈无产阶级革命家和无数先烈光辉业

◎麻田八路军总部纪念馆

绩的纪念场所。

邓小平旧居位于上麻田村内，坐西朝东，一进院落，砖瓦楼房 5 间。1943 年 10 月至 1945 年 8 月，邓小平任北方局代理书记时，在此居住。其间，邓小平身兼北方局代理书记和主持八路军总部工作等重任，领导整个根据地军民继续深入开展整风和减租减息工作，并开展了大生产运动和拥军爱民运动。除此之外，邓小平还领导部队在军事上发起反攻，开始收复失地，直到日军投降前夕。

2005 年，八路军总部纪念馆被中宣部评为第三批全国爱国主义教育示范基地。

民族发祥地

“黄河东走汇百川，自来表里太行山。万年民族发祥地，抗战精华又此间。”

这是抗日烽火年代陈毅元帅在麻田八路军总部停留期间写下的名篇长诗《过太行山书怀》中的诗句，在诗中陈毅元帅把这里称作了民族发祥地。

1937 年“七七”事变后，抗日战争全面爆发。八路军总部下辖的 129 师、120 师、115 师先后东渡黄河抗日。在华北以八路军为主体的游击战争占据主要地位。

1940 年 8 月，闻名遐迩的“百团大战”给日军以沉重的打击，极大地鼓舞了全国人民抗日的决心和信心。就在这次战役即将全面胜利之时，1940 年 11 月 7 日，八路军前敌司令部经涉县刘家庄到达辽县大林口村。次日，总部进驻武军寺村，彭德怀副总司令、左权副参谋长、罗瑞卿主任等首长随同总部机关来到武军寺。

11 月 8 日，中共中央北方局机关进驻辽县下武村，北方局书记杨尚昆也同时到达。不久，冀南银行等机关也先后迁来。129 师司令部、新华日报社、鲁艺分校也在此前后进驻辽县。辽县成为领导华北人民抗日的首脑机关所在。

1941 年 7 月 1 日，八路军总部由武军寺移驻麻田镇，直到取得抗日战争的最后胜利。

八路军总部、中共中央北方局在麻田地区驻扎和战斗了将近 5 年之久。因此，在抗日战争最关键的 5 年中，麻田镇实际上就是华北军事、政治、经济、文化活动的中心，因而后来也就有“第二延安”、“小延安”的美称。

红色艺术团

左权县是全国民间艺术之乡，民歌、小花戏享誉中外。为把全国爱国主义教育示范基地所承载的共产党人的光辉业绩和革命精神发扬光大，用生动的艺术表现方式和更为活泼多样的宣传形式，进一步吸引、感染参观者，2003 年 7 月，麻田八路军总部纪念馆红色艺术团宣告成立。

艺术团现有演职人员 50 余人，编排的节目主要有：以革命题材为主的歌舞剧、歌伴舞、音乐诗词、革命歌曲和左权小花戏、表演唱、快板剧等。

经过几年的努力，现有的精品节目有：歌舞剧《再见了太行山》，舞蹈《咱们的队伍上了前线》、《太行精神永放光芒》，左权小花戏《送郎参军》、《开花调》，配乐诗朗诵《将军魂》，歌伴舞《山丹丹开花红艳艳》等。

红色艺术团植根于红色热土、编创演红色剧目、专注红色宣传、唤起红色回忆。左权县是现存革命遗址最集中、数量最多的地方，也是华北地区唯一一个以八路军抗日将军名字命名的县，知名度和影响力都很高。抗战时期老一辈无产阶级革命家在此留下的故事，如今已经成为一笔宝贵的精神财富。

左权县是太行精神的孕育发祥地，红色艺术团也是挖掘和传承太行精神的宣传队。传播“不怕牺牲、不畏艰险、百折不挠、艰苦奋斗、万众一心、敢于胜利”的太行精神，是时代赋予八路军总部纪念馆和红色艺术团的光荣而神圣的使命。

徐向前元帅故居

概况

徐向前元帅故居位于山西省五台县东冶镇永安村，始建于清道光初年。故居坐北朝南，一进两院，院内房屋均青砖通板瓦房，是典型的北方传统民居建筑。1901 年 11 月 8 日(农历辛丑年 9 月 28 日)，伟大的无产阶级革命家、军事家、政治家徐向前元帅就出生在这里。

故居是典型的晋北四合院，为徐向前的高祖父所建。临街礼门上部正中镶有砖雕牡丹花，周边各角镶有雕花图案。

礼门两旁各有筒板瓦房一座，属清代建筑。院正中有 2.1 米高的徐

◎徐向前元帅故居

向前身着元帅服的半身铜像。铜像后面新建一照壁，上有江泽民同志“功勋垂青史，楷模昭后人”的题词。照壁后为垂花门。

垂花门在楼院的中轴线上，还有一个仪门。此门平时不开，只有在春节期间或子孙结婚、长辈出殡时才启用。仪门对面的三间正房是二层楼，上层为祭祀祖先和供佛的地方，下层为重大节日贺喜之所。

二层楼两旁各有耳房一间，是供子孙娶亲用的。两面东西厢房除东一间、西两间为柴炭房、厕所外，其余均为居住和存放粮食的地方。

全院都由方砖和小石子按图案花纹镶嵌而成。建筑古朴大方，别具风韵。

徐向前故居经过多年沧桑岁月，破烂不堪。徐向前去世后，由当地政府和本村村民出力，对故居进行了修葺，后于 1992 年 8 月对外开放。

故居共收集了有关徐向前元帅战斗、生活、工作的珍贵照片 700 幅和相关实物 200 余件，其中有徐向前元帅童年时学习用的小木桌，1955 年授勋时，徐向前身穿的元帅礼服、羊毛衫、军装等衣物。徐向前元帅亲笔书写的生前最喜欢的两首古诗——《石灰吟》和《龟虽寿》原件也存放在这里。

展览分为《战斗篇》、《生活篇》、《国事篇》三大部分，生动形象地向世人展现了老一辈无产阶级革命家徐向前元帅披荆斩棘、艰苦创业的奋斗精神；热爱人民、关怀战士的深厚感情；面向世界、探索未来、追求光明的广阔胸怀。

2005年，徐向前元帅故居被中宣部评为第三批全国爱国主义教育示范基地。

故居的保护和修复

1990年9月21日，徐向前元帅因病在北京逝世，享年88岁。遵照徐向前生前遗愿，他的骨灰撒在了太行山、大别山、大巴山、祁连山，并将部分骨灰送回五台县，安放在烈士陵园中，了却他叶落归根的夙愿。

为了缅怀徐向前元帅，开辟一处向青少年一代及全县人民进行爱国主义和革命传统教育的场所，中共五台县委及县人民政府，代表全县30万人民的心愿，要求修复徐向前故居。

当时，时任山西省文物局副局长的张一同志来到五台参观考察。经盛情邀请，参观了徐向前故居。面对破败的徐帅故居，想到阎锡山豪华的故居，张一局长感慨万分，当场批准五台县修复徐向前故居的申请，并拨款5万元表示支持。

忻州行署副专员白祯祥也表示积极支持，拨款3万元。中共五台县委、县人民政府同时决定拨款 5 万元。中共五台县委、县人民政府将修复故居的计划同徐向前的夫人黄杰及子女进行了协商和交流，得到了亲属的同意。

徐向前故居东西配房虽然破旧，但原房屋仍在，照旧房画图设计，然后拆修翻修。而正原房3间、二层楼早已拆除，3间平房也并非原貌。为了恢复故居旧貌，东冶镇政府及施工设计人员召开知情人座谈会多次，回忆徐向前故居建筑旧貌，力求做到修旧如旧。经过认真勘测，精心设计，建筑设计图纸最终完成。

经过 7 个月的紧张施工，故居主体建筑顺利完成了。为了对永安村学生进行革命传统教育，镇政府多次组织学校师生到河滩捡拾鹅卵石，铺设了徐向前故居院内通道、花池等。1991 年冬，徐向前故居修复工程基本完成。

徐帅掠影

徐向前，原名徐象谦，字子敬，山西五台人，生于 1901 年 11 月 8 日，1924 年 4 月考入黄埔军校第一期，毕业后留校任排长。1927 年 3 月，在蒋介石叛变革命的前夕，毅然加入中国共产党。

土地革命时期，徐向前可以说凭一己之力，拉出了一个红四方面军，战功卓著，被誉为“红军教父”。

抗战爆发后，徐向前出席了中共中央在洛川召开的政治局扩大会议，被选为中央军委委员，并先后任八路军第 129 师副师长，八路军第一纵队司令员和抗日军政大学校长等职。他曾同周恩来赴太原与阎锡山谈判，开展建立抗日统一战线的工作。他参加领导开辟晋东南、晋南、山东抗日根据地，指挥过反日寇六路围攻、九路围攻、响堂铺战斗等震惊华北的作战，发展了山地和平原游击战争，首次提出“创造平原地的‘人山’”的战略口号，沉重地打击了日本侵略者。

解放战争时期，徐向前先后任晋冀鲁豫军区副司令员、华北军区副司令员兼第一兵团司令员兼政治委员。1948 年 3——5 月，指挥临汾战役，以大部分新组建的部队，攻克设防坚固的临汾城，6——7 月指挥晋中战役，以 6 万兵力歼灭国民党军 10 万余人，解放 14 座县城。1948 年 10 月到 1949 年 4 月初，徐向前任太原前线司令部司令员兼政治委员、中共太原前线总前委书记，带病组织指挥太原战役。在徐向前的指挥下，人民解放军经过 6 个月的激烈战斗，最终攻克太原，拔除了国民党反动统治在华北的最后堡垒。

中华人民共和国建立后，徐向前任人民解放军总参谋长，1955 年被授予中华人民共和国元帅军衔和一级八一勋章、一级独立自由勋章、一级解放勋章。1966——1987 年，徐向前任中共中央军委副主席，参与领导军队革命化、现代化、正规化建设和国防建设。

“文化大革命”期间，徐向前同林彪、江青反革命集团进行了坚决斗争。1978——1980 年，徐向前任国务院副总理兼国防部部长。1983 年 6 月——1988 年 4 月，他担任中华人民共和国中央军委副主席。他是中共第七至第十二届中央委员，第八届(十一中全会补选)、第十一届、第十二届中央政治局委员。

1990 年 9 月 21 日，徐向前在北京逝世。去世前，这位新中国的开国元勋嘱咐自己的家人，身后不搞遗体告别，不开追悼。他的高风亮节和博大胸怀，将永远被中国人民铭记。

大同煤矿遇难矿工“万人坑”展览馆

概况

大同煤矿遇难矿工“万人坑”，是日本帝国主义在侵华期间留下的一处遗址，位于大同市西南 18 公里处的煤峪口南沟，分上下两洞，上洞宽 6 至 7 米，深 40 多米；下洞宽 4 米左右，深 70 多米，是国内“万人坑”中保存较为完整、规模最大的一个。2005 年 11 月，该馆被中宣部评为第三批全国爱国主义教育示范基地。

馆区展览全面地反映了日军侵华期间疯狂掠夺中国煤炭资源、残酷迫害大同矿工的这段历史，以确凿的事实揭露日军“以人换煤”的罪行。

展区主要分为：觊觎矿藏蓄谋已久，荼毒大同霸占煤矿，野蛮开采疯狂攫取，压榨矿工灭绝人性，累累白骨铁证如山，铭记国耻

◎大同煤矿遇难矿工『万人坑』展览馆

警醒后人六部分内容。展览馆通过大量文物、图片、史料和绘画、雕塑等展示大同煤矿遇难矿工的那段不能忘却、也不堪回首的历史。

坑内堆积着层层叠叠的遇难矿工遗骸，这是日军当年残害大同矿工的历史铁证。科考人员对每具尸骨在鉴定和分析的同时，分别编号。编号为 A-38 号的尸骨，仍保持着死前的极度痛苦和挣扎的惨状，面部表情十分凄惨；A-41 号无头尸，颈骨中段创口平齐，显然是被刀砍断的，表明死前遭受着残酷的迫害；B-33 号尸骨的腿骨上裹着破麻袋片，B-25 号的身上裹的是“日本点心”广告布。在无头的残尸骨中，有三根不同的个体尸骨，根据鉴定结果，一根的年龄为 16-18 岁，两根为 15-17 岁。另有 B-30 号、B-39 号、B-45 号的三具完整的尸骨，从毛发和牙齿推断，年龄在 16-18 岁之间。这些尸骨表明，当时井下有着相当一部分童工。

尸骨照片有近 200 余幅，惨不忍睹。这些照片大多是 1966、1967 年清理尸骨时拍摄的，这些照片上的尸骨尽管看上去皮肤干瘪，面目全非，但死前的状态还在，有些面部表情尚存。他们有的仿佛挣扎着向洞口爬去，有的用手抚摸着伤口，有的好像张着嘴在呼救。那些恐惧、痛苦、绝望的神态和求生的欲望在这些照片上表现得非常清晰，显然这些人是被活着扔进万人坑的。

劳工血泪史

1937 年 7 月，卢沟桥事变爆发后，日本帝国主义发动了全面侵华战争。同年 9 月 13 日，日军占领大同。10 月 6 日南满洲铁道株式会社劫夺了大同煤矿。日本帝国主义为了实现其“以战养战”的目的，开始疯狂掠夺煤炭资源。

日军在各地设置了“招工事务所”，以“盖房”、“筑路”为名，在北京、天津、山东、江苏、河南、河北、安徽等地抓骗大批农民和失业手工业者，充当矿山劳工。被骗的劳工被装进闷罐车拉到大同后，便完全失去了人身自由。

被骗的劳工过着牢狱般的非人生活。工人们吃的是黑豆面和高粱、糠和花生皮磨成的混合面，即所谓的“兴亚面”。住的劳工大房子四面透风。一间房子宽约 7 米，长约 30 余米，房子对头两条大炕，一间大房子要住上一百四五十人。房子的墙上仅留几个小窗口，并且还用木条或铁条封死。房内潮湿、空气污浊，一到夏天臭虫、苍蝇、蚊子到处乱飞。

这些外地来的劳工，很多人没有行李，只能用麻袋片和洋灰袋纸、破席片当铺盖，用砖头、石块垫上麻袋片当枕头。

日军在大房子四周打起土板墙，墙上围着电网，并在大院门口设立了岗楼。工人们下井都由把头在前面领着，矿警在后面押着，出井后也是如此。他们还对劳工进行指纹管理，在登记卡上贴上照片、按上指纹、编上号码、填上年龄和籍贯等，然后发给工人劳工证明书。

这样工人们的自由完全被剥夺了。

据满铁华北经济调查所在《大同煤矿劳动概要调查报告》记载：“大同煤矿作业环境恶劣，为节省必要的坑木等……根本谈不上采煤粗放化以至安全的考虑”。为此矿工死亡事故经常发生。

1938 年春天，煤峪口南沟井下涌出大水，100 多人死于非命，幸存者只有郭四龙等 8 人。1941 年 9 月，白洞西坑掌子面顶板下落，丧生的有 70 多人。1943 年 6 月 24 日《晋察冀日报》刊载：“大同煤矿 5 个月内日寇虐死矿工 2400 人。”

超负荷的劳动强度，险恶的劳动环境，非人的生活待遇，使大批工人或残废或生病。只要丧失劳动能力，他们就会和死亡的矿工一起被抛到荒郊野外、山沟或废弃井洞。天长日久，一个个白骨累累的遇难矿工“万人坑”就形成了。

当时有 20 多处这样的遇难矿工“万人坑”，能叫出名字的有：煤峪口的后沟、皮裤沟、南沟，永定庄的大南湾、后窑沟、瓦渣沟；同家梁的黄草洼、黄龙沟；忻州窑的杨树湾、南山沟、棉窑沟、豆角沟；白洞的老爷庙和郑家沟等。

从 1937 年 10 月到 1945 年 8 月，不到 8 年时间里，在日军的“以人换煤”的血腥政策下，日本侵略者掠夺了 1400 万吨大同煤，有 6 万名矿工惨死，平均每出 1000 吨煤就有 4 名矿工惨死。

晋绥边区革命纪念馆

概况

晋绥边区革命纪念馆，位于山西省兴县蔡家崖村，兴建于 1962 年，于 2005 年被中宣部评为第三批全国爱国主义教育示范基地。

纪念馆由三个院子组成。其中工作人员办公大院是后来续建的，旧址部分为一大一小两个院子的套院，面积为 4500 平方米，保护范围为 12200 平方米。建筑物主要包括石拱窑洞、砖包大门、起脊瓦房、盖瓦歇厦等，充分体现出上世纪三四十年代晋西北地方

◎晋绥边区革命纪念馆

民居特色。

目前，这里对外开放的原状陈列有毛泽东、周恩来、任弼时、贺龙的故居、旧居，有“晋绥干部会议会址”、“对晋绥日报编辑人员谈话旧址”以及“六柳亭”等；辅助陈列有“晋绥边区革命斗争史陈列室”、“毛主席在蔡家崖革命活动展览”、“贺龙同志生平事迹展览”、“江泽民总书记视察兴县展室”等。

晋绥边区革命纪念馆收藏有大量的革命文物和历史资料，为研究晋绥革命史提供了有利条件。目前收藏总量为4100余件，其中有毛泽东的笔砚，贺龙的文件包，牛荫冠的毛毯、针线包，边区军民用过的兵器、工具、衣物、粮票等，不少图片实物弥足珍贵，为全国少有或独有。

该馆出版物有《晋绥边区革命史料汇编》一至五集、《晋绥边区人物春秋》以及《蔡家崖》小册子等，参与编辑出版的有《中共吕梁历史忆事》、《晋绥革命根据地研究》等书籍；协助拍摄的有关晋绥题材的有电影《战斗年华》，电视剧《走向太阳》、《毛泽东过山西》，以及纪录片《铁血春秋》等。

保卫延安的坚固屏障

晋绥地区是中国最早的根据地之一。它包括晋西北、晋西南和绥远大青山三个地区，是华北、华中、华南各解放区与陕甘宁边区联系的枢

◎蔡家崖的贺龙汉白玉雕像

纽和唯一通道，是支持华北抗战的坚强堡垒。抗日战争和解放战争时期，这里曾是中共中央晋绥分局、晋绥边区政府、晋绥军区司令部所在地。

1937年，抗日战争爆发后，贺龙与关向应遵照党中央指示，率120师从陕北挺进抗日前线，开展广泛的游击战争。120师在给敌人沉重打击的同时，发动武装群众，开展兵民结合的武装斗争。

1940年1月，晋绥边区抗日民主政权——晋西北行政公署在兴县蔡家崖成立。行署主任由续范亭担任。1940年6月，晋西北军区司令部成立。贺龙任司令员，军区下设四个军分区。晋绥抗日民主政权和军区的建立，表明晋绥抗日根据地成为陕甘宁边区的前卫阵地。

在百团大战中，晋绥边区人民以破坏同蒲路北段和汾离公路为重点，向日军展开反击。共对日军作战217次，将被日军侵占的城镇全部收复。同时广泛开展献金、献粮、扩军、做军鞋活动，倾全区之力，支援抗日战争。

1941年至1942年，敌寇对边区封锁“扫荡”达30多次，累计400余天。边区军民开展了轰轰烈烈的大生产运动和军火自给反“扫荡”热潮，坚守巩固了根据地。1942年10月，中共中央晋绥分局成立。此后数年，边区军民英勇奋战，使晋绥边区和晋察冀连成一片。

1948年春，毛泽东、周恩来等到达兴县蔡家崖村，毛泽东在听取了贺龙、李井泉的工作汇报后，发表了著名的《在晋绥干部会议上的讲话》，阐明了党的新民主主义革命的总路线，为全国土改和整党工作指明了方向。

1949 年 10 月，中共山西省委、山西省人民政府成立。晋绥边区政府建制取消，完成了其长达 12 年的历史使命。

娄烦高君宇故居

概况

高君宇故居位于太原市娄烦县静游镇峰岭底村，故居依山而建，坐北朝南，以砖砌窑洞为主，有窑房 70 余间，被称为“高家大院”。

大院始建于清末咸丰年间高君宇曾祖时，除住宅外，还有药店、油坊、粉坊、酿酒等作坊和菜园、小花园。整个大院又分为东上院、东下院、中院、西院和西园子五座院落，占地面积约 7000 平方米，建筑面积约 2400 平方米。

高家大院历经百年的沧桑变化，已经失去了原貌。1995 年，为迎接高君宇诞生 100 周年，经中共中央宣传部批准，正式立项修复高君宇故居。

修复开放的“高君宇故居”是原“高家大院”的中院，占地面积

◎娄烦高君宇故居纪念馆

1600平方米，建筑面积约800平方米。院门上悬挂着由彭真题写的“高君宇故居纪念馆”木质牌匾。

国家文化部赠送的高君宇站立铜像矗立在下院中央，薄一波的题词是“革命先驱”；许德珩的题词是：“革命先驱，青年楷模”。其中有三孔窑内全部悬挂着介绍高君宇生平事迹和进行革命活动的照片镜框和文物展柜。照片共100余幅，展柜共20余个。

上院四孔窑洞的前廊卷棚焕然一新，金碧辉煌。每孔窑前分别挂着高君宇父母亲、大哥高俊德、三弟高全德居室和高君宇婚后居室的小牌匾。窑内陈列着高家当年的家具、灶具、用品等文物及复制品共112件。

窑内还分别悬挂着高君宇父亲高配天、母亲赵娥则、妹妹高志娴、大哥高俊德的照片以及三弟高全德全家、四弟高宣德全家和高君宇继子高培存全家的照片。

展览共分为十一个部分：（一）英雄自古出少年；（二）五四运动的健将；（三）神州大地播火手；（四）中共早期领导人；（五）工人运动的领袖；（六）国共合作呕心血；（七）山西党团创建者；（八）情系周邓当“红娘”；（九）彗星迅忽英年逝；（十）洁玉爱情万古传；（十一）故乡人民的业绩。

2009年5月，高君宇故居被中宣部评为第四批全国爱国主义教育示范基地。

三晋播火者

高君宇原名尚德，字锡三，号君宇。1896年生于山西省静乐县(今属娄烦县)。

1916年，高君宇考入北京大学，接受了新思想的启蒙教育。俄国十月革命后，高君宇和邓中夏、黄日葵、许德珩等同学，经常同李大钊聚会，共同研究马克思主义理论和十月革命的经验，寻求改造中国

社会的道路。

◎高君宇雕像

五四运动时，高君宇作为北京大学学生会负责人之一，参加领导了以反对“二十一条”不平等条约的游行示威，带头冲入卖国贼曹汝霖的住宅，痛打章宗祥并火烧赵家楼曹宅。高君宇因在此次运动中“弘毅果敢”的爱国壮举，被誉为“中国青年革命健将”。

1921 年 5 月 1 日，在高君宇的指导下，太原社会主义青年团成立。为了使青年团有一个宣传革命思想的阵地，高君宇和贺昌、王振翼等创办了山西最早的革命刊物《平民周报》，在宣传马列主义，引导青年进行革命斗争方面发挥了重大作用。

中国共产党成立后，高君宇作为中共代表之一，于 1922 年 1 月参加了共产国际在莫斯科举行的第一次代表大会，受到列宁的亲切接见。回国后，他出席了党的第二次全国代表大会，在会上被选为中央委员。

1923 年 2 月，京汉铁路工人举行大罢工。高君宇等受党的委派，领导长辛店工人同反动军阀进行了不屈不挠的斗争。2 月 7 日，直系军阀对工人进行了野蛮的大屠杀。高君宇毫不畏缩，仍然四处奔走，处理惨案的善后工作，号召工人继续同军阀进行斗争。

同年 6 月，高君宇参加了党的“三大”，并担任党中央教育委员会委员。大会确定了关于国共合作、建立革命统一战线的策略。从此他把主要精力投入建立统一战线的工作。

1924 年 5 月 31 日，山西革命斗争史上具有划时代意义的历史事件发生了。在高君宇的领导下，山西第一个党组织——中国共产党太原小组成立。山西的革命斗争从此有了坚强的领导核心。彭真、贺昌、薄一波都是高君宇在这一时期发展起来的党员。

后来，高君宇受党的委托，曾担任孙中山的秘书。冯玉祥发动“北京政变”后，电邀孙中山北上，共商国是。高君宇随同孙中山抵京。

高君宇本来身体就比较孱弱。随孙中山北上，一路劳顿，病情愈加沉重。他在北京住医院后，一心想着的仍是党的事业。病情稍有好转，就要求出院。出院后，便马上投入国民会议促成会的紧张筹备工作。

1925年3月1日，他作为代表参加了国民会议促成会全国代表大会。就在这时，他突患急性阑尾炎，经抢救无效，于3月5日病逝，年仅29岁。

两枚象牙戒指

如今北京陶然亭公园内，有高君宇和恋人石评梅之墓，述说着两枚象牙戒指引发的动人情话。

陶然亭建于清康熙年间，清末民初，仁人志士大都在这里进行革命活动。高君宇和李大钊、毛泽东、周恩来、邓中夏等人曾在这里召开秘密会议，探讨中国革命前途。同时这里也是高君宇和石评梅经常漫步的地方。

石评梅是高君宇生命中最挚爱的女性，于1902年出生，山西平定人。她是“五四”时期著名的青年女作家，著有《涛语》、《祷告》、《偶然草》等书。

他们相识于同乡会，彼此有着共同的进步追求和兴趣。高君宇家中曾有过包办的不幸婚姻，在心灵受过创伤后对石评梅的恋情仍像火一般。石评梅虽然也爱对方，却因初恋失败坚守独身主义，保持着“冰雪友谊”。

高君宇内心痛苦万分，但仍然以尊重的态度写道：“你的所愿，我愿赴汤蹈火以求之；你的所不愿，我愿赴汤蹈火以阻之。不能这样，我怎能说是爱你!”

为了表明对爱情的忠贞，高君宇特意从广州买了两枚象牙戒指，一枚连同平定商团叛乱时用过的子弹壳寄给北京的石评梅，作为生日留念。另一枚戴在自己手上。石评梅戴上了这枚具有特殊意义的象牙戒指，“用象牙的洁白和坚实，来纪念我们自己静寂像枯骨似的生命。”

高君宇突然去世，这对石评梅来说犹如晴天霹雳，后悔当初没有接受他的求爱。她在高君宇的墓碑上题写了他生前的诗句：“我是宝剑，我是火花，我愿生如闪电之耀亮，我愿死如彗星之迅忽。”并作《墓畔哀歌》表达刻骨的思念之情：“假如我的眼泪真凝成一粒一粒珍珠，到如今我已替你缀织成绕你玉颈的围巾。假如我的相思真化作一颗一颗红豆，到如今我已替你堆集永久勿忘的爱心。我愿意燃烧我的肉身化成灰烬，我愿放浪我的热情怒涛汹涌，让我再见见你的英魂。”

1928 年 9 月，年仅 26 岁的才女石评梅，因过度悲伤，走完短短的一生。人们把她葬于陶然亭内的高君宇墓旁，“生前未能相依共处，愿死后得并葬荒丘”。

◎座落在北京陶然亭内的高君宇烈士墓

石楼红军东征纪念馆

概况

红军东征纪念馆，位于山西省吕梁市石楼县城东郊的岔沟村，依山而建，周围苍松翠柏，景色怡人。纪念馆建筑面积 1.1 万平方米，主体建筑占地 1100 平方米，分展厅与纪念碑两部分，整体建筑气势恢弘，造型优美。

一个红军小号兵的大理石雕像耸立于纪念馆院中央。小号兵插手而立，举号在唇，鼓腮面向前方，似正吹起嘹亮的冲锋号。过了雕像拾级而上，一座平面凹字形展厅拔地而起。馆的正中是江泽民题写的馆名“红军东征纪念馆”七个镏金大字。

展厅由序厅和四个展室组成。进入序厅，首先映入眼帘的是在大

◎石楼红军东征纪念馆

◎红军东征纪念馆内毛泽东铜像

型浮雕“滔滔黄河水”映衬下的毛泽东半身塑像。两侧是《红军东征歌》和毛泽东写的《沁园春·雪》。

序厅两边分布着四个展室。分别是“民族危亡，战略抉择”、“东渡黄河，转战晋西”、“唤醒民众，抗日救国”、“统一战线，全民救国”。展厅中共陈列着珍贵历史图片 567 幅，文件图表 298 份，实物展品 328 件，完整地再现了当年红军东征的历史壮举。

从展馆后面拾级而上 100 道台阶，是红军东征纪念碑。碑的正面是江泽民的题名“中国人民红军抗日先锋纪念碑”，背面镌刻详述红军东征历史壮举的碑文。

红军东征纪念馆是全国唯一一所全面反映中国工农红军东征抗日历程的专题纪念馆。它的建成填补了国内以纪念馆的形式反映我党我军这一光辉历史的空白，成为国内研究红军东征、收集保存红军东征时期革命文物资料的重要阵地，于 2009 年被中宣部评为第四批全国爱国主义教育示范基地。

轰轰烈烈的东征

红军东征，是中国共产党北上抗日、拯救中华民族危亡的壮举。

1935 年，日本帝国主义制造了“华北事变”，妄图把整个中国变成殖民地。中华民族处于生死存亡的紧急关头，而国民党反动派却不惜出卖国土主权以求苟安。

1935 年 12 月，中共中央召开了瓦窑堡会议，毅然决定组成中国人民红军抗日先锋军，渡过黄河东征，开赴华北抗日前线，直接对日作战。

1936 年 2 月 20 日 8 点，红一方面军在毛泽东、彭德怀率领下，开始东渡黄河。红军前头部队突破晋军黄河守军防线后，红军主力迅速向纵深展开。

蒋介石与阎锡山惊恐万分，立即调集重兵，进行阻击。红军机智灵活，与蒋、阎部队展开激战。在取得关上、蓬门、兑九峪战斗胜利以后，兵分三路，南征北伐继续扩大战果。期间中央军委先后在大麦郊、郭家掌召开了军、团干部领导重要军事会议，研究部署红军下一步的战略行动。

3 月下旬，中央政治局召开了“晋西会议”。毛泽东、张闻天、周恩来、博古、彭德怀等出席会议。会议传达了共产国际“七大”的决议。

为了保存抗日力量，促进国内统一战线工作的开展，毛泽东等根据当时国内形势的变化，在取得预期目标之后，果断做出回师陕北的决定。

东征从 1936 年 2 月 20 日东渡黄河到 5 月 5 日回师陕北，历时 75 天，转战山西 50 余个县，摧毁了阎锡山苦心经营的黄河防线，把围攻陕北的阎军调回了山西，巩固了陕北革命根据地。红军在吕梁地区建立党群组织25个，苏维埃政权64个，创建地方游击队30支，扩充红军8000余人，筹款50万银元，还缴获了一批军用物资。

红军东征扩大了共产党和红军的影响，在山西播下了抗日的火种，完成了从反蒋抗日到逼蒋抗日的战略转变，为全国抗日民族统一战线的形成和山西抗日根据地的建立，创造了有利的契机和条件，是中国革命走向高潮的一个极其重要的里程碑。

羊皮筏子助东征

羊皮筏子是晋陕黄河两岸最古老、最原始的一种渡河工具，当地人称它为“浮筒”。它制作讲究、重量轻、体积小、浮力大、坚韧耐磨、便于携带。在旧中国，晋陕黄河两岸的百姓几乎家家户户都有几个羊皮筏子，以备黄河泛滥之时逃难。

红军东征黄河时，船只严重短缺，而且阎锡山在山西黄河沿岸修建了大量明碉暗堡阻击红军东渡。紧急时刻，陕北人民纷纷献出了自己的羊皮筏子，援助红军东征。一时间，在滔滔黄河上飘满了滚圆的羊皮筏子。东征胜利结束，船工们看到许多的羊皮筏子上都留下了战士的斑斑血迹。

平顺西沟展览馆

概况

西沟展览馆始建于1968年，1971年开馆，2000年修复，2005年扩建布展。

现展馆面积近1200平方米，展出有500余幅珍贵照片和100多件

◎平顺西沟展览馆

实物。其中包括毛泽东、刘少奇、周恩来、江泽民、胡锦涛等亲切接见全国劳模李顺达、申纪兰的珍贵照片，系统地展示了李顺达、申纪兰带领西沟人民艰苦奋斗、建设山区，积极探讨中国农村、农民走社会主义道路的光辉历程。

新展馆集声、光、电为一体，基本实现了动态静态相结合，平面立体相结合，图片实物相结合，参与性教育性相结合，营造了良好的教育氛围，增强了外在吸引力和内在感染力。

光辉的历史，辉煌的成就，构成了西沟展览馆丰富生动的教育内容。西沟展览馆于2009年被中宣部评为第四批全国爱国主义教育示范基地。

为充分发挥爱国主义教育基地的作用，近年来，当地政府在对西沟展览馆进行扩建和修复的基础上，新建了太行之星纪念碑、李顺达互助组雕塑、李顺达纪念亭、西沟村史亭，并对李顺达故居、老西沟革命岩、血泪凹、创业田、李顺达陵墓等进行了规划和保护。

2006 年以来，又建成了西沟森林公园、东峪沟绿化点、九龙壁、麒麟玉标、名人轶事浮雕壁画、二十孝图等新景点，形成了以西沟展览馆为中心，诸多教育景点为映衬，内容丰富，布局合理，规模宏大的西沟爱国主义教育基地新格局。

如今，西沟展览馆的影响已经辐射到整个山西省乃至周边的各省市地区，展览馆建成至今，每年接待参观者 8 至 10 万余人次。胡锦涛、朱镕基、习近平、刘云山、姜春云、何勇等中央和省市领导先后莅临西沟，参观西沟展览馆。

明星村

20 世纪 60 年代末至 80 年代初，华国锋、薄一波、李雪峰等国家领导人先后到西沟展览馆参观。

1994 年 8 月 28 日，时任中共中央政治局常委、国务院总理的朱镕基参观西沟展览馆并签名留念。

1995 年 3 月 25 日，时任中共中央政治局委员、国务院副总理的姜春云参观西沟展览馆，看望全国劳模申纪兰并签名留念。

1995 年 4 月 13 日，时任中共中央政治局常委、书记处书记的胡锦涛参观西沟展览馆，看望全国劳模申纪兰并签名留念。

2008 年 4 月 14 日，中共中央书记处书记、中纪委副书记何勇参观西沟展览馆，看望全国劳模申纪兰。

2009 年 5 月 25 日，中共中央政治局常委、书记处书记、国家副主席习近平参观西沟展览馆，看望全国劳模申纪兰。

西沟村作为一个普通的小山村，受到了很多中央领导的关注，吸引了很多党员干部和群众，是一个国内外享有盛誉的明星村。

劳动起家

西沟村地处太行山南麓，晋冀豫三省交界，境内沟壑纵横，山梁交错。过去这里荒山野岭，人烟稀少，曾是个出名的穷山沟。1938 年，西沟村成立党支部，1943 年成立互助组。70 年以来，在劳模李顺达、申纪兰的带领下，西沟村干部群众团结一致，艰苦奋斗，把穷山恶水的旧西沟建设成为农林牧贸工商全面发展的社会主义新农村。

西沟村是全国第一个农业生产组织——李顺达互助组的诞生地。1943 年 2 月 6 日，为了响应党组织关于“组织起来，生产度荒”的号召，李顺达带领农民成立李顺达互助组。它比毛主席发表《组织起来》一文还早 9 个月，是抗日战争时期全国成立的第一个农业生产组织。

西沟村是建国初所开展的爱国丰产运动的优秀代表。1951 年 3 月 6 日，李顺达互助组率先向全国发起爱国丰产竞赛的倡议，全国各地积极应战的有 1938 个互助组和 1600 多位劳模。1952 年，李顺达获得中央人民政府农业部颁发的“爱国丰产金星奖章”，这是全国爱国丰产运动的最高奖项。

西沟村是中国农村最早开展男女同工同酬的发源地。举起男女同工同酬大旗的第一个中国妇女是申纪兰。1952 年春，申纪兰走家串户，动员妇女下田劳动，并向社里提出要求“男女干一样的活，应记一样的工分”。她带领妇女同男人展开劳动竞赛，争取男女同工同酬，成了中国农村妇女解放的里程碑。

李顺达、申纪兰不仅是全国劳模，还是人大代表。之所以能得到如此殊荣，在于他们在带领农民发展生产中所表现出来的朴实勤劳的精神风貌。“劳动起家”这四个字不仅刻在西沟的办公大楼上，更深深地刻在了西沟人民的心上。

河北省

河北省地处华北平原北部，自古以来就是京畿要地，有燕赵之地的称谓。“燕赵多慷慨悲歌之士”。的确，这里作为抵抗外侮的最前沿，涌现出千千万万的豪杰英雄。有“铁肩担道义，妙手著文章”的共产主义先驱李大钊；有英勇抗击日寇，血染沙场的狼牙山五壮士；有“舍命揭竿倡义勇，同仇御寇复山河”的回民领袖马本斋……无数仁人志士，为了民族的解放，唱出了一曲又一曲激烈、高亢的浩浩燕赵歌。

乐亭李大钊纪念馆

概况

李大钊纪念馆坐落在河北省乐亭县新城区大钊路，占地 100 亩，建筑面积 4680 平方米，于 1997 年 8 月 16 日建成。这里是李大钊生平业绩的展览中心、研究中心、爱国主义教育基地和旅游胜地，1997 年被中宣部确定为首批全国爱国主义教育示范基地。

进入纪念馆，广场上矗立着八根柱子，象征着李大钊在中国革命史上立下的八大功绩。即“首传马列播真理，照亮神州启明星；学十月革命经验，选社会主义道路；领导五四导航向；开创历史新纪元；关怀青年倾心向，培养干部建业勋；创建中国共产党，开天辟地奠核心；受托会见孙中山，促成国共首合作；领导北方党组织，发动工众闹革命；重视军事抓武装，争取将领冯玉祥。”

◎李大钊纪念馆

到达瞻仰大厅需登 38 级台阶。这 38 级台阶象征了李大钊走过的 38 年人生岁月。瞻仰大厅内，安放着李大钊汉白玉坐像。坐像高 3.6 米，神态沉静。坐像背面是邓小平的题词："共产主义的先驱，伟大的马克思主义者，李大钊烈士永垂不朽。"两侧是大型锻铜浮雕，概括凝练地介绍李大钊的光辉思想和丰功伟绩。

东西展厅分十个专题，共展出文物、资料、照片、图表、模型、素描、油画等 492 件(套)，全面系统地展示了李大钊的生平业绩；东西展厅还各设一大屏幕彩电，分别滚动播放李大钊故居概况、李大钊纪念馆有关内容的介绍和李大钊在莫斯科出席共产国际"五大"时的活动情况。

在纪念馆主楼西侧还建有李大钊纪念碑林，碑林占地面积 6000 平方米，建筑面积 1250 平方米，共计 60 多块。主要内容包括党和国家领导人题词、李大钊部分手书、国内著名艺术家缅怀和颂扬李大钊的有关书法作品和部分有关李大钊碑刻的复制内容等。

故居

李大钊故居的宅院，是公元 1881 年（清朝光绪七年）由李大钊的祖父李茹珍亲手操持，在老辈人传留下来的旧宅基础上翻建的。翻建

◎李大钊故居

◎李大钊故居内景

旧宅时，做了很多改动，从而使整个建筑的布局显得异常新颖、合理。整个宅院在新中国成立以后，先后经历两次较大规模的维修，基本没做多大改动，历史原貌大体保留了下来。

李大钊故居的整个院落建有大小 21 间平房，所有的房屋均为砖木结构。大院东西宽 18.2 米，南北长 55.5 米，总占地面积为 1010.1 平方米。

居东的 3 间正房是李大钊祖父、祖母和李大钊夫妇曾经长期居住的屋子。

这 3 间正房两明一暗。通往内屋的外屋，没有设在中间，而是设在了西间。与外屋紧连的两间内屋靠着明亮的南窗垒有一铺通炕，屋地通用，显得室内异常宽敞。

通炕中间，置有 4 扇连成一体的木制雕花隔扇，把通炕大致界为左右两间。左间炕上靠着东墙置有一个老式的长条炕箱，右间炕上，靠着秀美的隔扇摆设有一个长长的炕琴，一个不大的炕桌摆在中间。

炕下屋地两间通连，靠北墙摆设有立柜、顶箱、凉床、坐柜、条案、地八仙桌、炕八仙桌等，还有两把木椅，一把藤椅，以及李大钊祖母和夫人的两个红漆板柜。在地八仙桌的背面，用毛笔写有“怀德堂”三个大字。

在靠东墙摆设的红漆板柜上，摆着一对蓝花掸瓶和一个木雕的老式座镜。这个红漆板柜和柜面上的摆设，都是赵纫兰与李大钊结婚时娘家陪送的嫁妆。东面的墙壁中央，悬挂着李大钊和赵纫兰的大幅照片。

这间房屋是李大钊生前在老家居住时间最长的地方。他在幼年时与祖父母一起居住，祖父母去世后又与夫人居住。到北京大学工作后，每逢寒、暑假回家，也都住在这里。

“我以我血荐轩辕”

李大钊，字守常，河北乐亭人，生于 1889 年 10 月 29 日。他是中国最早的马克思主义者，中国共产党的创始人之一。

1913 年，李大钊在北洋法政大学毕业后，留学日本早稻田大学，曾参加反对袁世凯的运动。

1916 年，李大钊回国后，历任北京《晨钟报》总编辑、北京大学经济学教授兼图书馆主任和《新青年》杂志编辑。他是新文化运动的主将，曾在《青春》一文中号召青年“冲决历史之桎梏，涤荡历史之积秽，新造民族之生命，挽回民族之青春”。

俄国十月社会主义革命后，李大钊最早接受和宣传马克思列宁主义。他从 1918 年 7 月起先后发表了《庶民的胜利》、《我的马克思主义观》等著名论文。他满怀信心地预言：“试看将来的环球，必是赤旗的世界。”他还同陈独秀等创办《每周评论》，积极领导五四运动，并和以胡适为代表的改良主义思潮做坚决斗争。

1920 年，李大钊在北京组织共产主义小组。中国共产党成立后，负责北方区党的工作。1924 年，他代表中国共产党参加了共产国际第五次代表大会。在国共合作期间，李大钊在帮助孙中山确定“联俄、联共、扶助农工”三大政策和改组国民党的工作中，起了重要作用。

1927 年 4 月，奉系军阀张作霖实行恐怖政策，在北京城大肆搜捕，李大钊被捕入狱。他受尽严刑拷打，却始终没有屈服。敌人得不到一句满意的供词，也得不到共产党的任何机密。张作霖恼羞成怒，指使军事法庭做出对李大钊等 20 位革命者立即处以绞刑的判决。

行刑那天下午，警察厅大院内杀气腾腾。李大钊身着灰布棉袍，昂首挺胸地走向绞刑架，身后跟着 19 名中华民族的优秀儿女。

绞刑架竖立在京师看守所后院。这座绞刑架是清朝统治者为屠杀革命人民，从西方国家买进的。

李大钊和其他同志围绕着绞刑架站成半圆形。

这时，宣判法官走到李大钊跟前说："李先生，共产主义是从西方传来的，所以特为诸位动用了这座远道而来的绞架。这也叫以其人之道，还治其人之身吧！"

李大钊听了后，轻蔑地一笑，自信地说："历史是公正的，尽管它走的道路非常曲折。但总有一天会实现以其人之道，还治其人之身的。"

法官接着说："李先生，遵照祖宗的典规，现在你有什么想说的就说吧。"

李大钊思索了片刻，以讥讽的口吻对法官说："你站在绞刑架旁，也配谈祖宗的典规？真是不知道天下还有羞耻二字。我告诉你们，不要以为你们今天绞死了我，就绞死了伟大的共产主义。我们已经培养了很多同志，如同红花的种子撒遍全国。我深信，共产主义在世界、在中国，必然会得到光荣的胜利。"

李大钊说完，毅然登上了绞刑架下的长凳，把绞索套在自己的脖子上，向难友们微笑着点了点头，算做人生最后的告别，接着踢开了脚下的长凳……

◎奉系军阀杀害李大钊时使用的外国绞架

为了中华民族的解放事业，38 岁的李大钊献出了壮丽而又年轻的生命。他英勇不屈的形象，永远活在人民的心里。

西柏坡中共中央旧址

概况

西柏坡中共中央旧址位于河北省平山县境内，距省会石家庄 80 公里。此处曾是中共中央和解放军总部所在地，是解放全中国的最后一个农村指挥所。

现在的中共中央旧址大院，是 1958 年修建岗南水库后，于 1971 年开始在原址北面山坡上按原布局、利用原房屋构件等复原修建的。

大院大门向南，分前后两院，面积 1.6 万平方米，建筑为砖木结构平顶房。前院自东而西一座座小院依次为周恩来旧居、任弼时旧居、毛泽东旧居、军委作战室旧址、刘少奇旧居、董必武旧居、中共中央九月会议旧址。后院东北部三间窑洞式建筑为朱德办公室和居室旧址。大院西部前后院之间有中共七届二中全会旧址。旧址和故居内均有复原陈列。

1976 年，在中共中央旧址东部山坡上修建了西柏坡纪念馆。纪念馆依自然山势分为上下两个回廊式四合院，建筑面积 3344 平方米，馆

◎西柏坡旧址全貌

◎西柏坡纪念馆

名是邓小平于1984年题写的。

展览围绕“新中国从这里走来”这一主题，以平山人民光辉的抗日斗争史为铺垫，以解放战争为主线，重点介绍了中共中央和毛泽东等老一辈革命家在西柏坡的伟大革命实践。整个展览共用12个展厅(含前厅、序厅)展出历史照片和文物、并配有沙盘、景观、录像、油画、雕塑等，共700多件。

正厅采用1948年时西柏坡村的原貌制成的巨型喷绘照片，上方是黄镇将军题写的“新中国从这里走来”八个大字。顶部为鲜艳的五星红旗，与照片交相辉映，浑然一体，揭示了西柏坡在中国革命史上的重要地位；序厅介绍抗日战争时期平山的光荣历史。

展览形式设计完善、制作精美、艺术品味高，被国家文物局评为“1998年度全国十大陈列展览精品”之一。

西柏坡石刻园占地8000平方米，1997年7月1日正式开放。园内亭台楼榭，碑廊迂回，荟萃了毛泽东、邓小平、江泽民等国家领导人和参加过三大战役的百名老将军题词以及全国著名书法家作品，共2万多幅。

此外还建有西柏坡纪念碑、五大书记铜像和领袖风范雕塑园等，使传统教育内容更加丰富多彩。

1997年，西柏坡中共中央旧址被中宣部评为首批全国爱国主义教育示范基地。

新中国从这里走来

1948年5月26日，毛泽东、周恩来、任弼时等和中共中央机关，从陕北吴堡县川口东渡黄河，辗转来到西柏坡村。从此，西柏坡就成为当时中国革命的领导中心，成为中国革命圣地之一。

在西柏坡，中共中央不仅领导新民主主义革命取得全国胜利，而且为实现党的工作重心从农村到城市、从战争到建设的转变，为新民主主义革命向社会主义革命过渡开辟了道路。

1948 年 9 月 8 日至 13 日，党中央在西柏坡召开了“九月会议”，会议以“军队向前进，生产长一寸，加强纪律性，革命无不胜”为中心议题，为夺取解放战争的全面胜利做了军事上、组织上和政治上的准备。

1948 年 9 月 12 日至 1949 年 1 月 31 日，党中央在西柏坡指挥了闻名中外的辽沈、淮海、平津三大战役，基本消灭了国民党的有生力量，为彻底推翻蒋介石、解放全中国奠定了坚实的基础。

1949 年 3 月 5 日至 13 日，中国共产党在西柏坡召开了七届二中全会。会议讨论了夺取全国胜利、把党的工作重心从乡村转到城市、以生产建设为中心的问题。

毛泽东代表中共中央在大会上作了报告。报告指出，党的工作重心必须由农村转到城市。在城市工作中，党的中心任务就是恢复和发展生产，使中国稳步地由农业国转变为工业国，把中国建设成一个伟大的社会主义国家。报告规定了在全国胜利后，党的政治、经济、外

◎西柏坡——『新中国从这里走来』群雕

交方面应当采取的基本政策。

七届二中全会是中国共产党在取得全国胜利前夕召开的一次重要会议，奠定了中国共产党在过渡时期总路线的基本思想，为中国社会主义革命和建设指明了道路。

西柏坡精神

党中央在西柏坡时期的辉煌历史和成功经验，铸就了伟大的西柏坡精神。毛泽东提出的“两个务必”是西柏坡精神的内涵，即：务必使同志们继续地保持谦虚、谨慎、不骄、不躁的作风，务必使同志们继续地保持艰苦奋斗的作风。

七届二中全会以后，中央机关开始做进城的准备工作。虽然此时毛泽东和中央领导们的工作十分繁重，却时刻不放松机关工作人员的思想教育工作。

有一次散步的时候，毛泽东十分认真地看着李银桥（毛泽东卫士），问道：“要进城了，你准备得怎么样啊？”

“主席，东西都已经收拾好了，随时可以行动。”李银桥信心十足地回答道。

“这里呢？”毛泽东用手指了指李银桥的太阳穴，说道：“小心，

◎西柏坡毛泽东旧居

要谨防资产阶级的糖衣炮弹的攻击，不要重蹈李自成的覆辙。”

李银桥和其他警卫战士心中立刻敲响了一记警钟。李自成是明末农民起义军的领袖，当年起义后攻进北平，由于起义军部分首领腐化、内部发生宗派斗争，起义最终失败。

还有一次，毛泽东走到警卫班的门口，看到警卫战士们都在那里，就问：“你们在开会吗？”

班长阎长林回答说：“刚才是在开会。”

“大家不用的东西已经打了两个大包，到时候往汽车上一放就行了。棉衣和被褥都已经拆洗过了。我们这里没有农民的家具，桌椅板凳都是公家的，到时候交给行政科就行了。”

毛泽东又问他们：“你们有没有想过进北平以后干什么？有没有进城享受的思想？”

“报告主席”，阎长林说；“大家讨论的时候都认为进城以后要提高警惕，做好保卫、保密工作，防止坏人的破坏和捣乱。对大城市这个花花世界，要洁身自好，绝不中资产阶级的糖衣炮弹。”

毛泽东听到阎长林的回答，赞许地说：“你们有物质准备，也有精神准备，准备工作做得很充分。”

毛泽东接着又语重心长地说：“我们进城后要建立新中国政府，很多人要在政府里担任要职。而不论官职有多大，我们都是为人民服务的，要努力为革命工作。千万别以为进城了，当官了，就高傲自大，停滞不前，忘了做人的根本。如果真是这样就和李自成差不多了。我们共产党人一定要努力奋斗，团结全国人民，把伟大祖国建设好。”

1949年3月23日，毛泽东和中央领导带领中央机关工作人员离开西柏坡，踏上了新的征程。

新中国成立后，在新的历史发展时期，邓小平、江泽民和胡锦涛等党和国家领导人都多次强调要将西柏坡精神继承和发扬光大。

邓小平说：“在中国来说，谁有资格犯大错误？就是中国共产党。犯了错误影响也最大。因此，我们党应该特别警惕。”“如果我们不受监督，不注意扩大党和国家的民主生活，就一定会脱离群众，犯大错误。”

1984 年，应河北省委的要求，邓小平为西柏坡纪念馆写馆名。

1991 年和 1995 年，江泽民两次来到西柏坡。他留下了“牢记两个务必，建设有中国特色的社会主义”的题词。并强调：“艰苦奋斗，是中国共产党的光荣传统，是我们党保持同人民群众密切联系的一个法宝，也是一个干部特别是领导干部必须具备的基本素质。”

2002 年 12 月 5 日，胡锦涛来到西柏坡，号召全党同志特别是领导干部，大力发扬艰苦奋斗的作风。“坚持艰苦奋斗，根本目的就是要为最广大人民的根本利益而不懈努力，不断把人民群众的利益维护好、实现好、发展好。”“做到权为民所用，情为民所系，利为民所谋。”

涉县 129 师司令部旧址

概况

涉县 129 师司令部旧址位于河北省涉县赤岸村中央，由上、下、后三个农家四合院和一个防空洞组成。

院里现存有司令部会议室、刘伯承办公室、邓小平办公室、李达参谋长宿舍兼办公室、警卫员宿舍、机要室等。

南面的五间房屋是刘伯承师长的作战办公室。刘伯承和邓小平就是在这里指挥 129 师将士们浴血奋战。刘伯承、邓小平的宿舍，陈设十分简陋。

穿过后院南小门可以看到一个纵深 9 米、阴暗潮湿的窑洞，这就是当年首长们防御敌机轰炸的防空洞。

在距 129 师司令部旧址约百米的庙坡山上，安放着刘伯承等将帅

◎涉县 129 师司令部旧址

的灵骨，邓小平亲笔题写了岭名——“将军岭”。

在将军岭北侧，是八路军 129 师陈列馆，于 1995 年 12 月破土动工，1998 年 12 月 19 日正式开馆。陈列馆占地面积为 13340 平方米，其中陈列展馆建筑面积为 2252 平方米。

陈列馆主体建筑长 55.8 米，宽 40.8 米，高 15.6 米，依山势建为两层。由 5 个展室、一个序厅、一个半景画室和其他附属设施组成。馆前还有一个宽阔的广场。整个布局既大方又庄严。

陈列馆以崭新的面貌、独特的陈列布展形式和声、电、光等现代化展示手段，向广大观众形象地再现了 129 师将士当年在太行山战斗和生活的精神风貌。2004 年，河北省对陈列馆进行了改造，新增了革命文物、图片、模拟场景、雕塑等，扩大了展出面积，延长了展线。

涉县 129 师司令部旧址，1995 年由河北省委、省政府确定为全省首批 22 处爱国主义教育基地建设重点工程项目之一；1996 年 11 月，由国务院公布为全国重点文物保护单位，1997 年 6 月，由中宣部公布为首批全国爱国主义教育示范基地。

将军岭

涉县在抗战时期是晋冀鲁豫边区的腹心地、首府县，是华北抗战的一个战略要地。从这块红色土地上走出了 2 位元帅、3 位大将、18 名上将、48 名中将、295 名少将。

建国后，先后有几十人担任党和国家重要职务，成为中国第二代领导集体的中坚力量，开创了中国改革开放的历史新纪元，选拔培养

◎涉县刘伯承办公室

了中国第三代领导。这块红色热土被誉为“中国第二代领导者的摇篮”。

原 129 师的将帅们生前心系太行山，死后魂归将军岭。自 1986 年以后，刘伯承、黄镇、徐向前、李达等将帅的灵骨陆续安放在山上，是继北京八宝山之后安放将帅灵骨最多的地方。

在灵骨安放处建造有刘伯承元帅纪念亭，镌刻纪念碑。纪念碑在刘伯承元帅雕像左边，正面刻着徐向前元帅亲笔题写的“伟大的无产阶级革命家刘伯承元帅之部分骨灰葬于此”，背面刻着徐向前元帅所作七律诗《悼刘伯承元帅》：“日暮噩耗遍京城，泪雨潇潇天地倾，垂首山川思栋梁，举目九天觅帅星，渊渊韬略成国粹，昭昭青史记殊荣，涂就七言染素绢，十万军帐哭刘公。”

1990 年 10 月，邓小平亲笔为“将军岭”和“刘伯承元帅纪念亭”题写了岭名和亭名。

太行丰碑

1937 年 7 月 7 日，全国抗日战争爆发。国共实现第二次合作后，红军主力改编为八路军，以原红军第四方面军为主编成 129 师，师长刘伯承，副师长徐向前。邓小平于 1938 年 1 月接任 129 师政委。129 师是抗日战争时期中国共产党领导的三支主力部队之一。

129 师在涉县的五年，也是抗日战争最艰苦的五年。在这里，刘、邓等首长组织召开过许多决策性会议，制定发布过许多有关边区巩固和发展的大政方针，取得了一个又一个抗日战斗的胜利。部队从挺进

◎将军岭纪念碑

太行时的9000多人发展壮大到30万正规军、40万地方部队，形成了赫赫有名的“刘邓大军”。

日军对太行山的疯狂扫荡、严密封锁，再加上连年的天灾人祸，抗日军民的处境十分艰难。面对困难和一些消极情绪，在刘伯承、邓小平的带领下，129师官兵们在拿枪的同时，开荒种地纺纱织布，不仅建立了全国面积最大的晋冀鲁豫边区抗日根据地，同时根据地的困难局面也得到了改善，受到了党中央、毛主席的高度赞扬。

清苑县冉庄地道战遗址

概况

冉庄地道战遗址位于河北省清苑县冉庄，距离河北保定市约30公里。整个保护区面积为30万平方米，至今仍保留着三四十年代冀中平原的村落原貌和当年构筑的地道及各种工事。

◎清苑县冉庄地道战遗址

冉庄地道以十字街为中心，有东西南北主要干线 4 条，南北支线 13 条，东西支线 11 条。其中既有西通东孙庄，东北通姜庄的连村地道，也有向东南通隋家坟和河坡的村外地道。地道全长 16 千米，形成了村村相连、家家相通、能进能退、能攻能守的地道网。

地道的出入口设计十分巧妙，有的修在屋内墙根壁上，有的修在靠墙根的地面，还有的建在牲口槽、炕面、锅台、井口、面柜、织布机底下等处，伪装得与原建筑一模一样，敌人很难发现。

地道一般距地面 2 米，洞内高约 1 米～1.5 米，宽约 0.8 米～1 米，分为作战用的军用地道和供群众隐蔽用的民用地道两种。

地道设有照明灯和路标，建有储粮室、厨房、厕所和休息室。为了充分发挥地道的优势，在村里各要道口的房顶上修建了高房工事，在地面修建了地堡，把地道与地面工事有机结合起来。还根据不同的地形地物，分别在小庙、碾子、烧饼炉、柜台、墙角、墙根等处，修筑了工事、枪眼。所有这些工事都和地道相通，既能观望，又能射击和拉雷。

冉庄地道战工事具有“五防”、“三通”和“三交叉”的特点。“五防”即防破坏、防封锁、防水灌、防毒气、防火烧；“三通”是指高房相通，地道相通，堡垒相通；“三交叉”就是明枪眼与暗枪眼交叉，高房火力与地堡火力交叉，墙壁火力与地堡火力交叉。这样就形成了“天地人”三通，构成了房顶和地面、街道和院内纵横交叉的火力网，组成了一个连环的立体作战阵地。

冉庄地道战纪念馆于 1959 年 8 月落成，聂荣臻元帅题写了馆名，

◎冀中冉庄地道战展厅

杨成武将军为展厅题写了“冀中冉庄地道战展厅”牌匾。纪念馆占地面积 980 平方米，厅内珍藏着大批宝贵文物。

从 1950 年至今，冉庄每年都接待数以万计的国内外参观者。许多影片如《地道战》、《烈火金刚》、《敌后武工队》、《平原游击队》等都在此拍摄。

冉庄地道战遗址于 1997 年被中宣部评为首批全国爱国主义教育示范基地。

地道缘起

1941 年，日寇采用“铁壁合围”、“纵横梳篦”的清剿战术，对无险可守的冀中平原实行“烧光、杀光、抢光”的三光政策，并有计划地建据点、修公路、挖封锁沟，进行细碎分割，妄图扑灭抗日烽火。

冉庄周围 9 公里内，有炮楼 15 座、公路 4 条，形成“抬头见岗楼，迈步登公路，无村不戴孝，处处起狼烟”的悲惨景象。

在无险可守的大平原上，为了保存革命力量，有效打击敌人，冉庄人民在党的领导下，开展了神出鬼没、出奇制胜的地道战。

最初，为了躲避敌人的残害，人们自发地挖了单口洞，又叫“蛤蟆蹲”。这一发明成了敌占区，尤其是近敌区的干部民兵坚持斗争的重要依托，也是地道的开始和雏形。

后来因汉奸特务告密，有的洞被敌人发现，受到极大的损坏。冉庄人民总结经验教训，把单口洞改成了双口洞。如果敌人发现一个洞口，洞中人员可以从另一个洞口转移出去。

无论单口洞还是双口洞，毕竟只能隐蔽和防御，不能打击敌人，流血牺牲是在所难免的。为了消灭敌人的有生力量，民兵和群众把原先的双口洞继续加宽加长，左邻右舍的地洞互相挖通，家家户户相连，双口洞变成了多口洞。

领导抗日斗争的冀中区党委，很快发现并总结了人民群众的发明创造，于1942年1月发出文件，明确指出冀中要开展地道斗争。紧接着，又发出一系列的文件，对挖掘地道的组织领导、技术规模等问题均提出具体要求和指导意见。规模宏大的地下工程就此展开，战争史上闻所未闻的地道战从此诞生。

冉庄地道好像一把锐利的尖刀刺进敌人的心脏。冉庄人民利用地道优势，在抗日战争和解放战争中，配合武工队、野战军作战157次，歼敌2100余人，曾荣获“地道战模范村”的称号，为祖国的解放事业做出了卓越贡献。

神出鬼没的地道战

最让冉庄人民津津乐道的，是1945年6月20日的那次大战。

那天，驻保定的伪绥靖军集团司令齐靖宇和清苑县伪县长丛殿墀，带领两个团1000多兵力向冉庄发起进攻。

冉庄民兵分别把守在工事里，准备消灭敌人。敌军走到离村一二千米的地方时，盲目地向村里轰炸扫射。敌军没有发现任何动静，就开始向村庄逼近。

忽然，“轰”、“轰”几声，几处民兵所埋地雷接连炸响。敌人被炸死、炸伤多人，但仗着火力优势，还是扑进了村庄。

李明贵、李春久和刘景书等人隐蔽在东口双庙工事内，找准机会，接连射击敌人。敌人摸不着头脑，东窜西跑，气得哇哇直叫。

民兵高振峰和李恒木、张丙奎等人在十字街指挥部里指挥战斗，

20 多名日伪军押着民夫背着锹镐过来，想破坏地道。高振峰瞄准一个目标打中头部，张丙奎拉响地雷，把伪军吓得纷纷逃命。

张德林拿着湖北造小马枪，带着 5 个爆炸组员在北口学校暗室里守候着。听到近处房上有人说："集合了，在东北边场口。"过了一会儿，只见敌人从东边向北移动。当移动到地雷的掩埋处时，张德林带领组员们拉响了地雷，又向敌群中打了一阵排子枪。敌人像没头苍蝇般乱撞起来，前头的往北跑分散着上了房，后边的往南、东也跑着上了房。敌人在房上支起机枪，瞪着眼干着急，漫无目的地胡乱扫射。

过了一会儿，20 多个伪军上来拉死尸，民兵们拉响两个地雷，又有四五个敌人倒下，其余都撤下去。过了半个多小时，敌人才敢出来收尸，随着大队撤走。

这一战斗，冉庄民兵 30 余人抗击敌伪两个团兵力，从早晨打到下午 5 点多，持续 13 个小时，杀伤大批敌人，其中有副团长 1 名，副官 1 名，连长 1 名，排长 1 名，而冉庄民兵只有 1 人臂部受轻伤。

白求恩、柯棣华纪念馆

概况

白求恩柯棣华纪念馆（新址）坐落在河北省唐县钟鸣山下，馆名"唐县白求恩柯棣华纪念馆"由胡耀邦题写，镶嵌在高高耸立的牌坊上。1997 年 6 月，由中宣部公布为首批全国爱国主义教育示范基地。

纪念馆主建筑分为"两馆一堂"。北侧中央是八角形结构的纪念堂，纪念堂由聂荣臻元帅亲笔题名，可容纳近千人，主要用于举办各种类型的纪念活动。西侧是白求恩纪念馆，东侧是柯棣华纪念馆。

白求恩纪念馆有三个展室，陈展面积 350 平方米。在宽敞的展室

◎唐县白求恩柯棣华纪念馆

前方，华灯垂吊，迎门紫红色的屏风两侧，装饰着两片枫叶。

展出的主要内容有：（一）坎坷的青少年时代。（二）投身国际反法西斯前线。（三）奔赴中国抗日战场。（四）战斗在晋察冀边区。（五）永久的纪念。（六）不灭的光辉。

展览详实地记述了白求恩的感人事迹，具体地再现了他对工作极端的负责、对人民极端的热忱，体现了他毫不利已、专门利人的高尚品质。

柯棣华纪念馆有三个展室，陈展面积350平方米。在迎门墨绿色的屏风上，书写着聂荣臻元帅的题词：永志不忘、永为楷模。屏风前面立有汉白玉雕成的柯棣华大夫的半身塑像。

展厅入口上方，悬有著名书法家启功书写的匾额：柯棣华纪念馆。

展览内容分为七部分：（一）青少年时代。（二）远道来华。（三）在延安。（四）晋察冀岁月。（五）以身殉职。（六）万古丰碑。（七）中印人民友谊的桥梁。

展览以大量生动感人的事例反映柯棣华大夫的国际主义精神，高度的责任心和工作热情。

白求恩柯棣华纪念馆藏品丰富，内容翔实，有历史图片300余幅，实物近百件。有白求恩当年用过的手术器械、消毒锅、毛油灯，有柯棣华当年使用过的医药箱、医疗用品，有其子柯印华随他母亲郭庆兰去印度访问时，印度总理尼赫鲁赠送的礼品，有柯棣华的房东赵秋珍大娘捐赠的当年柯棣华用过的物品等。

这些文物和展品，完整地记录了这两位国际主义战士光辉的生命轨迹，陶冶了人们的情操，激励着人们的斗志。

毫不利己专门利人的白求恩

诺尔曼·白求恩，是加拿大共产党员，著名的胸外科专家。1890 年 3 月 3 日，生于加拿大安大略省格雷文赫斯特镇的一个牧师家庭。1916 年，毕业于加拿大多伦多大学医学院，获医学博士学位。

抗日战争爆发后，他受加拿大共产党和美国共产党的派遣，千里迢迢，来到中国。1938 年，白求恩的医疗队经过重重磨难，抵达延安。在那里，白求恩受到了毛主席的接见。

1938 年 6 月 17 日，白求恩来到晋察冀军区司令部的驻地——山西省五台县金岗库村。白求恩在边区筹建了模范医院，组织医疗队到前线进行巡回战地救护，改进战地医疗器械，编写战地医疗书籍，为八路军培养了大批能够独立工作的医务人员。

由于工作的需要，白求恩每天工作 18 个小时以上。他曾经在 69 个小时之内做了 115 次手术。他的工作没有间歇，白天忙完以后，晚上还在油灯下写笔记、做总结，主动向边区和毛泽东报告工作进行的情况。所有这些活动，都是在高度自觉的情况下主动进行的。

党中央和毛泽东为了照顾他的健康，打电报给晋察冀军区领导告诉每月给他发 100 元边币（抗战时期陕甘宁等边区政府银行发行的纸币），作为生活补助费。但白求恩坚决不肯接受。

白求恩是这样给毛泽东回电的：“感谢毛主席代表中国人民对我的关怀，可是我谢绝每月发给我 100 元津贴费。我不需要钱，因为一切衣食都已经得到供给。我唯一的愿望是能够为革命多做工作。”

白求恩给毛泽东的电报发出以后，丁秘书把情况向军区司令部作了报告。军区首长专门把白求恩请去，想说服他。

军区首长说，他们对白求恩所做的工作非常满意。唯一不满意的是白求恩不注意自己的身体，营养也不足，应该接受这点补助。

军区首长的意思，白求恩当然明白。他默默地听首长讲完后，问：“请问首长同志，你每月有多少生活补助？”

军区首长对这个问题出乎意外，只好说：“这是另外一个问题。”

白求恩很清楚，作为一个军区首长，在欧美就是一个大将军，可他却和普通战士没有区别，每天只有几分钱的菜金，补助就更无从谈起了。

白求恩坚决地说：“这并不是另外一个问题。我觉得您把我当客人看了。我是个八路军战士，不应该有任何特殊享受。”

经过商量，白求恩把这100元交给了医院，作为慰劳伤病员的营养费。

1939年10月，日寇发动疯狂的冬季大“扫荡”。白求恩推迟了回国行期，全身心地投入到反“扫荡”中去。1939年10月，白求恩在摩天岭前线抢救伤员时，由于没有橡胶手套，左手中指意外被碎骨刺破，感染中毒，经抢救无效，于1939年11月12日凌晨5时20分病逝。终年49岁。

柯棣华——第二个白求恩

柯棣华原名德瓦卡纳特·桑塔拉姆·柯棣尼斯，1910年10月10日出生于印度孟买省绍拉普尔镇。1936年，在格兰特医学院毕业，获得医学学士学位。1937年7月，中国抗日战争爆发后，柯棣华响应印度国民大会的号召，志愿报名参加印度援华医疗队，远涉重洋，来华援助抗战。

1939年12月，柯棣华的医疗队克服国民党重重阻挠，抵达山西省武乡县王家峪八路军总部，朱德总司令热情地欢迎了他们。

1940年6月，柯棣华来到晋察冀边区，任白求恩学校外科教员和白求恩国际和平医院第一任院长，在晋察冀边区留下了数不清的动人故事，被边区军民誉为“第二个白求恩”。

柯棣华致力于八路军的医疗工作，积极参加战地救护，对伤员无微不至。他和当地军民亲如一家，为百姓治病从不收取报酬，人们亲切地称他为“老柯”。

由于极度劳累，柯棣华积劳成疾，身染重病。大家都认为他应该休息，但他仍继续坚持工作。

去世那天下午，冀中送来了一批重伤员。抢救工作结束时，天已较晚，他没有回家却来到了办公室想继续工作，就在此时，他的癫痫病又发作了。

当他醒来时，嘴角挂着血，他却又挣扎着去查病房。同志们发现他刚犯过病，劝他赶紧休息，他却郑重地说：“医务人员只要还活着，就要想到伤病员的痛苦。”这句话，就是他对医务人员的最后遗言。

1942 年 12 月 9 日凌晨 6 时 15 分，柯棣华停止了呼吸。

柯棣华去世后，边区军民悲痛万分，掀起了“学习柯棣华”的运动。

1949 年 12 月 29 日，毛泽东为柯棣华题词，对柯棣华的崇高品格给予了高度评价；“印度友人柯棣华大夫，远道而来，援助抗日，在延安华北工作五年之久，医治伤员，积劳病逝，全军失一臂助，民族失一友人。柯棣华大夫的国际主义精神，是我们永远不应该忘记的。”

董存瑞烈士陵园

概况

董存瑞烈士陵园位于河北省隆化市城西北的苔山脚下、伊逊河东岸，占地 71000 平方米。建筑融中国传统的民族风格和鲜明的时代精神于一体，既宏伟壮观，又庄严肃穆。1997 年 6 月，陵园被中宣部公

◎董存瑞烈士陵园

布为首批全国爱国主义教育示范基地。

陵园平面布局为中轴对称式，在长 369 米的中央主轴线上，自南而北依次是：大门、牌楼、塑像、纪念碑、墓。在牌楼侧后 47 米的两条副轴线上，是相对称的董存瑞碑亭和革命烈士碑亭；董存瑞烈士纪念馆和国防教育馆；还有两座题词碑廊，整个建筑群体构成了较为完整的纪念体系。

在陵园的东、西侧轴线上，各矗立着一座角亭。东亭是董存瑞烈士纪念亭，建于 1961 年。亭子中间有座纪念碑，为钢筋水泥筑成，正面镌刻着“董存瑞烈士永垂不朽”九个贴金大字，背面用红色小楷书记述了董存瑞烈士的英雄事迹。对面西亭为革命烈士纪念亭，结构与东亭完全相同，亭中碑上镌刻着“革命烈士永垂不朽”八个贴金大字。

在亭、馆间两条对角线交点上，是翠柏簇拥的董存瑞烈士塑像。英雄身着军装，昂首挺胸，左手高擎炸药包，右手攥紧拳头，再现了董存瑞视死如归的英雄气概。

椭圆形的纪念广场的中央，屹立着高耸入云的纪念碑。碑体正面镶嵌的汉白玉碑心石上，镌刻着朱德元帅的亲笔题词：“舍身为国，永垂不朽”，顶端是一颗光芒四射的五角金星。

东西各一座董存瑞题词碑廊，每座总高 4 米，长 24 米，基座宽 3.2 米。2 座共镶嵌着由黑花岗岩刻成的由聂荣臻、杨尚昆、程子华、

迟浩田、朱学范等及知名人士为董存瑞的题词 47 块。

纪念碑的身后，就是烈士英灵安息的地方——董存瑞墓，坟墓建在一个平台上面，前面立着一块墓碑，上面刻着："董存瑞烈士之墓"。后面有一扇小铁门，与前面的墓碑相对。推开门，正中央放着一口四尺长的棺材，上面粘贴着董存瑞的遗像，棺材里面放着一个木牌，木牌上面用朱砂写下九个字："以此木代替烈士遗骨"。

自古英雄出少年

董存瑞于 1929 年 10 月 15 日出生在河北省怀来县南山堡的一个贫苦家庭。残酷的社会现实铸就了他幼小心灵中朴素的阶级感情。

1940 年，抗日民主政府的农民委员王平，经常在南山堡半秘密半公开地宣传革命。年幼的董存瑞听说王主任是毛主席派来给穷人撑腰的，心里特别高兴。因此，他经常与王平在一起，心想一定要向王平学习。王平也喜欢董存瑞，看准他是革命的好苗子。

在王平的教育培养下，董存瑞知道毛主席是中国人民的救星，共产党要解放全中国。他还了解到许多英雄事迹，如：狼牙山五壮士、王二小，特别是三区前任主任石主任英勇牺牲的事件使他感触很深。他暗下决心，长大也要当共产党，像石主任那样跟日本鬼子斗。

1943 年春天，南山堡成立了抗日儿童团，董存瑞被选为儿童团长。

◎董存瑞烈士纪念亭

从此，董存瑞拿着红缨枪，领着儿童团员放哨站岗、查路条、送鸡毛信等。人们都称他为“南山堡的王二小”。

可有一天，传来了一个令人悲恸欲绝的消息：王平牺牲了。

由于叛徒的出卖，王平和郭科长被敌人包围在一间空房里。当战斗到只剩下最后一个手榴弹时，他俩烧了文件，砸了枪，拉着导火线，与敌军同归于尽。

董存瑞的拳头握得紧紧的，咬牙切齿地说：“抗战到底，王平同志的仇一定要报。”

舍身炸碉堡

1945 年 7 月，董存瑞参加了八路军。参军后，他苦练杀敌本领。在战斗中，奋不顾身，英勇杀敌，先后荣立 3 次大功，4 次小功，荣获 3 枚“勇敢奖章”，1 枚“毛泽东奖章”。1948 年春，董存瑞担任班长。在攻坚战术训练中，全班取得优异成绩，被誉为“董存瑞练兵模范班”，他被誉为“模范爆破手”。

1948 年 5 月，董存瑞所在部队奉命攻打隆化。隆化是承德的屏

障，战略位置非常重要。国民党在这里的防御体系非常坚固，国民党13军军长石觉吹嘘说：“如果共军能打下隆化，我就把承德白送给他们。”

攻打隆化前，尖刀连召开动员誓师大会。连队要挑选英勇顽强、敢打敢拼的战斗英雄，组成爆破组，炸掉敌人的碉堡，扫清前进道路上的障碍。在动员大会上，董存瑞第一个站起来，冲到主席台前，抢走了红旗。拿走这面红旗，意味着他将完成最为艰巨的任务。这是非常危险的，在敌人的枪林弹雨中穿梭往来，随时都有可能牺牲。

5月25日，总攻开始。董存瑞担任爆破组长，带领全班战士先后炸掉敌人8个碉堡。在途中，敌桥型暗堡的机枪严密封锁了部队前进的道路。为扫除这一障碍，董存瑞再次请战。副连长说：“你已经几次完成爆破任务了......”董存瑞没等副连长说完，就抢着说：“我是共产党员，我的任务不只是炸掉几个碉堡。现在隆化还没有解放，怎么能算完成任务呢？就是只剩下我一个人，也要完成任务。”然后，他从衣兜里掏出一个小纸包，交给指导员保管：“如果我牺牲了，就算是我最后一次交的党费。”

在战友的掩护下，董存瑞冲到桥底。此时，他的左腿已被敌人的

◎董存瑞雕像

◎董存瑞墓

机枪打断，暗堡的底部离干涸的河床还有段高度，河道两侧护堤陡滑，他两次安放的炸药包都滑了下来。此时，冲锋号已经吹响，拖延一分钟就会有更多的战友牺牲。在这紧要关头，董存瑞毅然用身体做支架，左手托起炸药包，右手拉燃了导火索，高喊：“同志们，为了新中国，冲啊！”

随着天崩地裂的一声巨响，敌人的桥型暗堡被炸毁，红旗插进了隆化中学。董存瑞用自己年轻的生命为部队的胜利开辟了道路，牺牲时年仅 19 岁。

纵队党委做出决定：追认董存瑞为战斗英雄、模范党员，董存瑞生前所在的班命名为“董存瑞班”；隆化中学也被命名为“存瑞中学”。1950 年 9 月，在全国战斗英雄代表会议上，董存瑞被追认为“全国战斗英雄”。

华北军区烈士陵园

概况

华北军区烈士陵园位于河北省石家庄市中山西路 343 号，占地面积 21 万平方米。整体设计采用中国传统的主轴线布局，主要建筑物南北呼应，东西对称。整个园区气势宏伟，生机盎然。2001 年 6 月，陵

园被中宣部公布为第二批全国爱国主义教育示范基地。

烈士陵园大门左右墙由花岗石和青石砌成，门壁上镌刻着“中国人民解放军华北军区烈士陵园”15个贴金大字。门壁连接着东西两座不锈钢门构成这座宏伟的纪念建筑。高大雄伟的纪念碑镌刻着毛泽东、邓小平、江泽民三代领导人的题词，坐落在可容纳万人的悼念广场中央。

广场的北面是铭碑堂，它是中心纪念建筑物。堂内中央是一幢大型汉白玉卧碑，上面镌刻着毛泽东的题词“为国牺牲，永垂不朽”。248位烈士的英名镌刻在铭碑堂北墙的中央。堂内东西两侧墙壁上镶嵌着刘少奇、朱德、邓小平、彭真、彭德怀、刘伯承、贺龙、罗荣桓、徐向前、聂荣臻等党和国家领导人撰写的字碑，河北著名红军将领董振堂和赵博生的纪念碑亭也立于此。

铭碑堂后面是烈士纪念堂，占地面积1547平方米．分左中右三厅。

中厅为“晋察冀革命纪念馆”；左厅内陈展着200多位著名烈士遗像和简历；右厅为“骨灰安放室”，安放着600多位革命烈士和病故老红军的骨灰。

在陵园南北走向上，纪念碑和烈士纪念堂构成了整个陵园的主体建筑群。而与之相呼应，在东西方向，三组具有不同纪念意义的其它建筑又构成了三条横向轴线。

轴线上有革命文物厅和影视厅。革命文物厅建筑面积1100多平方米，近300件革命文物按土地革命时期、抗日战争时期、解放战争时期和抗美援朝战争时期的顺序依次展出。影视厅内配置了现代化的影视设备，使陵园的教育内容和教育手段更趋现代化。

轴线西面是国际主义战士白求恩大夫陵墓，东面是柯棣华大夫陵墓、爱德华博士和巴苏大夫纪念碑。墓前广场上矗立着一尊白求恩大夫的全身雕像。

轴线上，西边的纪念亭、展览馆与东边的烈士纪念馆相对称。

◎华北军区烈士陵园纪念碑

与高台共存亡的董振堂

董振堂，出生于河北新河，保定陆军军官学校毕业。他曾参加北伐战争和反蒋战争。1930 年反蒋战争失败后，任国民党军第 26 路军第 25 师第 73 旅旅长，同年 12 月 14 日，和赵博生一起在江西宁都率部起义，加入中国工农红军。1932 年 4 月，加入中国共产党。他担任红五军团军团长，率部参加了中央苏区第四、第五次反“围剿”作战和长征。曾被中华苏维埃临时中央政府授予“红旗奖章”。

1935 年 4 月底，红军渡金沙江时，中央红军趁滇北防守空虚，决定兵分三路，从 3 个渡口同时渡江，董振堂的红五军团负责掩护军委纵队从中间的皎平渡渡江。

按照这个部署，红五军团在江南岸的石板河一带掩护三天便可撤防。但渡江行动开始后，第一军团找不到渡船，架了半截的浮桥又被江水冲垮，第三军团也无法架浮桥，于是中央军委命令第一军团沿江而下，第三军团沿江而上，都改从皎平渡渡江，而皎平渡仅有 6 只小木船，渡江所需时间延长，因此，董振堂率部在防御阵地一直坚守了 9 天 9 夜，连续 3 次打退敌人的进攻，圆满地完成了保障红军主力渡江的任务。

◎董振堂

1936年10下旬，红军2万余人，奉中共中央军委指示西渡黄河，进军甘肃河西走廊地区执行宁夏战役计划。1937年1月董振堂率红五军团一举攻占了甘肃高台县城。正当高台人民欢庆胜利之时，敌军马步芳等部约2万余人包围了高台，经过9天9夜的激战，由于敌众我寡，被迫入城坚守。在敌强大炮火的攻击下，至20日高台失陷，董振堂和3000多名红军将士全部壮烈牺牲，时年42岁。

董振堂是河北省籍最高级别红军将领。毛泽东称赞他是“坚决革命的同志”。

血染黄狮渡的赵博生

赵博生，河北省黄骅市东慈庄人。1914年入保定陆军军官学校，后随冯玉祥将军转战南北，并开始与冯玉祥军队内的共产党人进行接触。中原大战后，冯玉祥军被收编。赵博生接受驻守山东的二十六路军总指挥孙连仲邀请，担任二十六路军参谋长。1931年10月，二十六路军地下党组织经慎重研究后，将赵博生发展为中共党员。1932年12月14日，他和董振堂一起在江西宁都率部起义，加入中国工农红军。从此，他开始了崭新的政治和军事生涯。

◎赵博生

1933年初，蒋介石的主力向金溪、南城一带苏区进犯，妄图歼灭红军主力一、三军团。为保障红军主力于黄狮渡歼灭敌人，赵博生奉命率4个团在长员庙钳制3倍于已的敌人。

赵博生深感到责任重大，带领战士亲临前线察看地形、研究部署等，做了非常充分的准备工作。这次战斗关系到全军胜利，必须要光荣完成这次使命。

战斗开始后，敌人发动了猛烈地进攻。先是集中大炮轰炸前哨阵地，然后发起数次进攻，但都被打退。到中午 11 时左右，敌人又向红军左路发动进攻。这时候，红军弹药所剩不多。赵博生很快意识到，右路 135 团的阵地如果被敌人攻下，左路 128 团就有被包围的危险，是很难守住阵地的。于是他当即命令 128 团特务连“立即出击，协助 135 团恢复阵地”。特务连出击以后很快打退敌人，恢复了 135 团的阵地。

赵博生把 128 团团长找去，说估计敌人还会进攻 135 团阵地。135 团阵地地势低，工事薄弱，战斗动作不熟。要他补充工事，形成扇面火力，注意节省弹药，他把指挥任务交给参谋。自己则亲赴 135 团这处最前线、最危险的阵地上。

敌人经过一段时间的喘息，又集中力量向两翼阵地轮番发起冲锋。守军战士子弹打完了，手榴弹扔完了，赵博生就指挥战士们用石块猛砸敌人，用写有“百战百胜”字样的斗笠装上鹅卵石回击敌人。

部队伤亡增大，阵地发生了动摇。赵博生亲自带领军官组成突击队，向疯狂的敌人发起猛烈的反冲锋。赵博生在距敌百米远的地方，一边指挥，一边回击敌人，不幸头部中弹，壮烈牺牲。

叶剑英于 1962 年“八一”建军节前夕，赋诗怀念。“宁都霹雳响天晴，赤旗高擎赵博生，虎穴坚持神圣业，几人鲜血染红星。”

2009 年 9 月 14 日，赵博生被评为 100 位为新中国成立做出突出贡献的英雄模范之一。

河北省博物馆

概况

河北省博物馆坐落在省会石家庄市中心，建筑总面积为 20028 平方米，最高处 27.7 米。主楼四周用 56 根圆柱构成高大宽阔的长形柱

◎河北省博物馆

廊，整体建筑风格既巍峨壮丽，又庄严朴素。

博物馆共有 18 个展览大厅，展厅面积 11216 平方米。馆前为省会文化广场，广场中央造型优美的灯光音乐喷泉银珠飞溅，广场鸽与游人尽情嬉戏，其乐融融。

博物馆分陈列展览区和文物库区两大部分。文物库房建筑面积 5278 平方米，使用面积 3800 平方米，是一座具有现代监控、通讯、空调系统的文物库房。陈列展览区位于石家庄市中心，占地面积 2 万平方米，陈列面积 1.1 万余平方米。

基本陈列共分为五大部分。

《古代河北陈列》比较系统地展示了河北有人类活动以来至清朝灭亡的 100 多万年间的沧桑历史。重点表现河北地域内的重大历史现象、重要历史人物和主要文明成果。

《近代河北陈列》以翔实的资料展示了自 1840 年至 1949 年间河北大地的风云变幻。重点回顾了义和团运动的兴起，近代工业文明的产生，李大钊与马克思主义在河北的传播，再现了抗日战争和解放战争中河北人民不畏强敌、奋勇御侮的壮丽画卷。

《当代河北陈列》以“浓缩河北精华，展示河北精品”为主旨，集中展示了全省上千种名、优、新、特产品，充分体现出河北经济建设和社会发展的巨大成就。其形式设计具有强烈现代感。

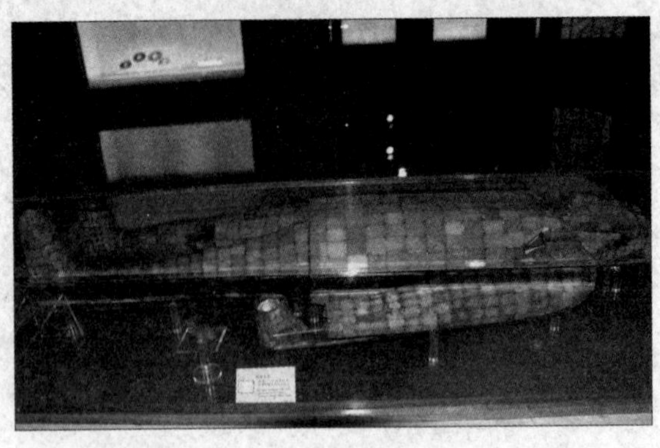

◎金缕玉衣

《神秘王国——战国中山国陈列》展示的是战国时期中山国的曲折历史和具有游牧民族风情的文物。精选文物260余件（套），青铜器奇巧瑰丽，玉器精雕细镂，黑陶器柔美典雅，车马仪仗雄武威严，武器装备独具特色。宫廷、猎帐、车马等复原景观和大型壁画再现了中山国豪华的宫廷生活和彪悍的民族风情。该陈列获全国首届“十大陈列展览精品”奖。

《金缕玉衣的故乡——满城汉墓陈列》展出汉中山靖王刘胜夫妇墓出土的文物珍品250余件（套）。其中的金缕玉衣、长信宫灯、错金博山炉、白玉双龙高纽谷纹璧都是举世闻名的国宝。展览规模宏大，豪华富丽，充分体现出王侯生活的奢华和大汉盛世古朴雄浑的时代风貌。该陈列获国家“1999年十大陈列展览精品”奖。

2001年6月，河北省博物馆被中宣部评为第二批全国爱国主义教育示范基地。

燕赵之风

文物是博物馆业务活动的物质基础。河北省博物馆一直非常重视文物征集工作，坚持长期征集与短期突击相结合，使馆藏文物不断增加。目前馆藏文物、标本15万件，其中一级品321件(包括国宝级文物6件)。其中以古代文物数量最多，也最精美。另有图书资料室藏书5万余册，照片2万余幅。图书收藏中不乏明清珍善本图书，是河北省地方志主要收藏单位之一。

满城陵山汉墓出土文物是河北省博物馆的镇馆之宝。陵山汉墓是西汉第一代中山国王靖王刘胜和王后窦绾的墓葬，两座洞室墓共出土金、银、铜、铁、玉、石、陶、漆、玻璃器等文物万余件，其中一级文物 90 余件，国宝级文物 5 件。

刘胜金缕玉衣是用金丝将岫岩玉片编缀而成，整体分为头罩、上衣、手套、裤筒和鞋等五部分。共用金丝约 1100 克，玉片 2498 片，是我国考古发掘中出土年代最早最完整的玉衣。窦绾金缕玉衣形式与刘胜玉衣相似，共用金丝约 700 克，玉片 2160 片。

◎出土于刘胜之妻墓中的长信宫灯

长信宫灯通体鎏金，作宫女跪坐执灯形象，由头部、身躯、右臂、灯座、灯盘、灯罩等部分组成。宫女体臂中空，右臂为烟道，可将灯烟导入器内，以保持室内清洁。

错金博山炉炉身似豆形，工艺精湛，装饰华美，是举世闻名的珍宝。透雕双龙纹高纽白玉谷纹璧，玉质晶莹洁白，纹样优美，造型生动，雕琢精致，为汉代玉器中的珍品。

◎错金博山炉

河北省博物馆另一具有重要特色的瓷器藏品是元代的青花和彩釉瓷，1964 年保定市元代窖藏中出土的 11 件青花和蓝釉瓷器代表了同类元瓷的最高水平。其中青花开光镂雕红蓝釉花卉大罐是国宝级文物，集绘画、镂雕、浮雕、贴塑、青花、釉里红等多种装饰技法于一身，代表了元瓷烧造的最高成就。

河北历史上一直是佛教盛行之地，馆

藏的许多造像以精美的艺术造型和重要的历史价值而闻名于世。曲阳修德寺出土的 2000 余件汉白玉佛教造像，是目前国内出土数量最多、时间延续较长的一批佛教造像，对研究佛教发展史有重要的意义。

馆藏书画约 2000 件，主要是明清两代政治家和艺术家的作品。其中明代著名诤臣杨继盛、东林党人赵南星、明末殉国名臣吴景范、清初理学家孙奇逢、清康熙名臣魏象枢、魏裔介等人的书画作品，形成了以地方名人墨迹见长的馆藏特点。另外还有文徵明、朱耷、唐岱、郑板桥、虚谷、吴昌硕及徐悲鸿、齐白石、傅抱石等名家的精品之作。

河北省博物馆近现代文物藏品记载着燕赵儿女为追求解放、争取光明而进行的血与火抗争，是 100 多年里河北人民革命征程奋斗不息的历史见证。

其中有：鸦片战争后外国教会势力入侵的重要证据——清末直隶南部法国天主教总堂献县张庄教堂遗留原始资料；义和团运动首领景廷宾在“扫清灭洋”起义中使用的马鞍；土地革命时期宁都起义领导者赵博生的遗存衣物；抗日战争时期人民音乐家张寒晖创作的著名抗日救亡歌曲《松花江上》手稿；回民支队司令员马本斋征战的指挥战刀，冉庄地道战中使用的油灯、镐头、铁锨，白洋淀雁翎队使用的木船、火枪，晋察冀边区第一届参议会纪念大碗，中国人民银行第一版人民币印钞石版等珍贵文物。

中国人民抗日军事政治大学陈列馆

概况

中国人民抗日军政大学（简称抗大）陈列馆是中国第一所反映中国人民抗日军事政治大学校史的陈列馆。它位于河北省邢台县前南峪村，

◎中国人民抗日军事政治大学陈列馆

占地面积 2000 平方米，1999 年 9 月 28 日正式面向社会开馆。2001 年 6 月，抗大陈列馆被中宣部评为第二批全国爱国主义教育示范基地。

陈列馆由序厅、主题厅和西展厅三部分组成。序厅的中央黑色的花岗岩卧碑上镌刻着金色的前言。毛泽东为抗大制定的“坚定正确的政治方向，艰苦朴素的工作作风，灵活机动的战略战术”的教育方针和“团结、紧张、严肃、活泼”的校训尤其引人注目。迎面墙壁上悬挂着抗大校旗和抗大校门照片。东、西墙壁上分别为八路军军歌和抗大校歌。整个展厅肃穆、凝重。

主题厅分四部分：一、抗大在陕北的创建与前期发展；二、抗大在敌后太行的峥嵘岁月；三、抗大越抗越大(抗大分校及附属陆军中学等)；四、抗大精神光照千秋。

主题厅以大量的文物、照片、图表等再现了抗大当年的学习与战斗生活。

西展厅，由邢台县投资 30 万元，陈列了“邢台县山区建设辉煌成就展览”。歌颂了建国 60 多年来，特别是改革开放以来，英雄的太行儿女继承和发扬抗大的光荣传统，治山治水，使革命老区的面貌发生了日新月异的变化。

陈列馆还配有接待室、影视室、文物藏品库、资料室等设施。陈列馆的北面，为 1986 年建筑的抗大纪念碑，全部由汉白玉砌成，端庄、稳健。时任党中央总书记胡耀邦题写碑名，原抗大校长徐向前，副校长、教育长何长工等为纪念碑撰写碑文。

沿山间小路拾级而上，在西部山顶上，抗大首长旧居等遗址掩映在树荫之中。其脚下楼房林立的村民新居，显示了革命老区的巨大变化。宏伟壮丽的抗大陈列馆与花果飘香的前南峪生态经济沟试验区交相辉映，使这块太行山最绿的地方，更美、更迷人。

抗大，越抗越大

中国人民抗日军政大学的前身是中国工农红军大学，于 1936 年 6 月 1 日在陕北瓦窑堡创建。1937 年初，红大随党中央机关迁到延安，更名为抗大，毛泽东任学校教育委员会主席，林彪任校长，罗瑞卿任副校长。

为了贯彻教育与战争相结合的原则，1939 年 6 月 20 日，中共中央做出了《关于抗大陕公等学校迁移晋东南的决定》。7 月 10 日，抗大总校以“八路军第五纵队”番号，在司令员兼政委罗瑞卿率领下，告别延安，向敌后根据地挺进。5000 抗大师生渡黄河，涉汾水，翻吕梁，越太行，经陕西、山西、河北 3 省的 25 个县，行程 1250 公里，辗转一年多，摆脱了日军的围追堵截，终于在 1940 年 11 月到达邢台县浆水镇，

◎中国抗日军政大学旧址

对外公开称为“青年抗日联合纵队”。

◎中国人民抗日军事政治大学纪念碑

浆水位于太行山腹地，这里四面环山，山高林密，山势险要，能攻能守，战略位置十分重要。而且这里靠近八路军总部和北方局驻地，又是129师开辟最早的太行根据地之一，群众基础好，环境比较安定。

为了适应敌后办学的新形势，便于在游击环境中进行教学，总校将原有机构进行调整，增设团、营军政主任教员，连队驻队教员，从组织上保证营、连能在流动中进行独立教学。1940年12月，抗大第六期毕业，朱德总司令特为毕业学员题词：“努力工作，造成铁的干部，准备反攻。”

抗大挺进华北敌后办学，培训了成千上万优秀的军政干部，使他们成为抗日人民军队和抗日民主政府的骨干力量。他们活跃在敌后各个战场，带领部队、民兵和广大群众，开展游击战和有利条件下的运动战，打伏击、毁碉堡、破公路、扒铁路、炸桥梁、拔据点，打得日、伪军人仰马翻，魂飞胆丧。因此，日寇把抗大视为眼中钉、肉中刺，他们下狠心要消灭抗大。当时冈村宁次曾声称：“消灭了抗大，就是消灭边区的一半”，“宁肯牺牲20个日本兵换一个抗大学员，牺牲50个日本兵换一个抗大干部”。

粉碎拉网扫荡

1942年5月，驻华北日军以25万人的兵力，采取“铁壁合围，捕捉奇袭”战术，对八路军总部和中共中央北方局所在地太行根据地北部地区进行大规模的扫荡。其中抗大总校也是他们“围剿”的主要目标。5 月 19 日至 24 日，日寇派遣六七千人，分四路合击抗大总校驻地，妄图一举歼灭抗大。

为了避免同敌人主力正面冲突，尽量减少伤亡，抗大首长决定各大队分散行动，全校分为几个独立单位，多路转移。校部直属机关转移到路罗与浆水之间的白云山密林峡谷中，利用山地优势与敌人周旋，经过连续行军，安全到达驻地。

抗大上干科学员大部分是 129 师营以上干部，都是经历过枪林弹雨的指挥员，他们采取同敌人小转圈和大换班的方式，两上两下太行山，甩掉了敌人，安全跳出重围。基本科向北转移，只一个夜晚就转到北路敌人的后面，到达了安全地带。

抗大陆军中学的师生，一直穿插在深山密林中与敌人换位置、转山头兜圈子，开展声东击西的“麻雀战”。但是，由于敌军兵力部署非常密集，在邢西县奶奶顶与沙河县的老爷山之间，他们被一日军大队包围了。这些年仅十几岁的学员，面对太行山庄严宣誓：宁死不投降，与阵地共存亡!

他们顽强抗击，击毙敌军 100 余人。子弹、手榴弹用光了，他们同敌军展开肉搏战，3 位 15 岁的同学被敌人逼上悬崖，他们抱在一起，高呼着口号，纵身跳下悬崖。副校长史紫千不幸被俘，面对凶残的敌人，他破口大骂，正义凛然，宁死不屈，英勇就义。队长王希真为掩护同学转移，把敌人火力吸引到自己身边，壮烈牺牲。当人们找到他的遗体时，在他身下挖出了一把手枪和一本日记。日记本上写道：永别了，同学们，我们一定要胜利!

抗大跳出包围圈后，配合八路军 11 旅、385 旅和 386 旅将士，对敌人空虚的老巢内丘、赞皇、临城、邢台黄店、沙河褡裢镇一带据点，进行猛烈袭击，炸毁几十个碉堡，击毙日伪军 1000 余名，缴获大量战利品。

敌人闻讯急速撤退，地方武装和抗大留守人员抓住战机，尾追截杀，八路军与抗大主力则分兵阻击、包抄，使敌人前后挨打，伤亡惨重。抗大在两个多月的转战中，边战斗边学习，配合主力部队歼灭日、伪军 17000 余人，彻底粉碎了日寇的拉网扫荡，6 月底，胜利返回浆水镇前南峪。

潘家峪惨案纪念馆

概况

潘家峪惨案纪念馆位于河北省唐山市丰润区火石营镇潘家峪村中部。1941 年 1 月 25 日，灭绝人性的侵华日军包围了潘家峪，对手无寸铁的村民进行了惨绝人寰的大屠杀，制造了震惊中外的“潘家峪惨案”。为纪念惨案中死难同胞，于 1999 年建成潘家峪惨案纪念馆。2001 年 6 月，纪念馆被中宣部评为第二批全国爱国主义教育示范基地。

◎潘家峪惨案纪念馆

◎潘家峪惨案纪念碑

纪念馆坐北朝南，东隔小河与“潘家大院”相望，南、西、北均与大道相连，占地面积 45 亩，建筑面积 1246 平方米。

纪念馆结合地形的特点，采用不对称布局，将主入口设在道路一侧，墙上书有原冀东军分区司令员李运昌题写的“潘家峪惨案纪念馆”馆名。

入口广场用导向很强的大台阶把人流引向由 6 米高石墙围合的半封闭院落。院落中形成一种情绪与空间的转换，营造出一种凄凉的氛围。沿台阶向上主入口树立一组中英文写的纪念碑文，表明时间、事情与纪念馆建设主题。

整个建筑为灰白色的二层楼房，朴实大方、庄严肃穆、主题突出。院内遍铺爆炸状卵石，暗示日军惨无人道的三光政策。庭院中的枯树更能烘托主题，院落给人一种沉闷压抑的气氛。

纪念馆设有四个展馆，通过原始照片、实物和影像资料，向世人展示了惨案发生的历史背景、事件经过以及潘家峪人民不屈不挠的反抗精神。

从馆内序厅到第一厅，用向下的沉闷感表现悲惨的潘家峪惨案。由第一厅到第二厅，地面标高不断抬升，隐喻从悲怆到反抗直到胜利的过程。

步出展览厅迎面为 18 米高的钟塔。这一竖向构成不仅对整个建筑起着控制作用，而且是整个潘家峪村的至高点。

钟塔另一侧面对的是“潘家峪希望小学”。寓意“警钟长鸣”的钟塔成为整个展览的高潮，回荡在山谷的钟声引申建筑的纪念主题，警示人们永远不要忘记发生在这里的悲惨一幕，不要忘记中华民族受屈辱的历史，更企盼未来世界和平。

整个建筑再现了潘家峪惨案的全过程，激励人民奋发图强。惨案留下的西大坑、老槐树、小铁门、南岩子、杀人场潘家大院、殉难同胞的葬墓等遗址，是日本侵略者侵华罪恶的铁证，时刻警示后人“警钟长鸣，勿忘国耻”。

惨绝人寰的潘家峪惨案

抗日战争爆发后，潘家峪遭受了日本侵略军铁蹄的践踏。然而，英雄的潘家峪人民没有屈服，在中国共产党的领导下，展开了不屈不挠的抗日斗争。

日军把潘家峪看成眼中钉，肉中刺，想尽一切办法要摧毁它，曾多次到这里“清乡”和“围剿”，从 1938 年夏季到 1940 年底，敌人围攻潘家峪就有 130 多次。1941 年 1 月 25 日晚，驻唐山、丰润、滦县等 16 个据点的 3000 多名日军、1000 多名伪军，在日军指挥官佐佐木的率领下，悄悄地开到潘家峪。日寇将潘家峪紧紧包围起来。他们将伪军全部安排在四周的山上站岗，日军则进入村中，把全村 1500 多人全部驱赶到位于村中心的西大坑。西大坑长 30 米，宽 10 余米，周围是一人高的石坝。

当时坑底有一尺多厚的积雪，日本鬼子将村民全部围到西大坑。因为人多，坑边也站满了人。鬼子兵担心开枪时人群疏散容易，就将人们赶到了潘家大院。

潘家大院是日寇残杀无辜群众的主现场。它分为一宅三院，是大地主的宅院。院内早已布置好杀人现场，遍地铺满松枝柴草，浇了煤油，院外搭着梯子，鬼子兵端着机枪站在院墙上做好了射击的准备。

潘家峪人民明白了自身面对的处境，用血肉之躯同敌人展开殊死搏斗。50 多岁的潘国生老汉将着了火的衣服脱去，带头冲向大门，扑向一个正在端着机枪扫射的日本兵，夺过机枪，用枪托将这个敌人打死。

10 多个青年趁机冲出门去，潘国生老汉却在敌人的刺刀之下牺牲了。

大屠杀一直延续到次日下午 7 点钟。全村有 1230 人被杀害，所有财物被抢夺一空，被烧毁的房屋有 1100 多间。

潘家峪惨案，是抗战时期华北遭到日军“三光作战”制造的典型惨案之一。

潘家峪复仇团

惨案发生的第二天，地方党政负责人及新华社战地记者来到潘家峪慰问，12 团的指战员也闻讯赶来。随之运来许多药品、粮食、衣服等救济物资。

2 月 5 日，抗日民主政府发动邻村的 100 多名乡亲去清理尸体，由丰滦迁联合县政府主持公葬。从潘家大院扒出的尸体已无法辨别姓名及年龄，只能在辨认出的男尸身上写个“男”字，女尸身上写个“女”字，童尸身上写个“童”字。

公葬是在初春的寒夜里进行的，乡亲们把尸体按性别和年龄分成 4 座大坟，安葬在松柏常青的南山脚下。潘家峪人民庄严宣誓：“一定向敌人讨还血债，为死难者报仇!”

1941 年 1 月底，潘家峪村潘树平、潘树成、潘树堂、刘贺、潘树太、潘景龙等青年带头成立了复仇青年小队。后来，潘家峪村和邻村青年纷纷参加，队伍很快发展到 120 多人。同年 6 月在火石营村召开的军民大会上，军分区政治部主任刘诚光宣布：潘家峪复仇团成立，第一任连长潘化民，随冀东军分区 12 团活动。

1942 年 8 月，复仇团正式编入 12 团的第 2 连。这支复仇的队伍活跃在冀东大地，开展游击战争，配合八路军主力作战，在丰润、滦县、迁安一带不断给日军以沉重打击。

从复仇团成立到抗战胜利，这支队伍同日伪军进行大小战斗 150 多次，歼灭日伪军 1021 人，其中杀人魔王佐佐木二郎被他们击毙，实现了为乡亲们复仇和争取民族解放的誓愿。

解放战争时期，这支队伍转战南北，为全国的解放立下了功勋。

唐山抗震纪念馆

概况

唐山抗震纪念馆位于唐山市区中心，是为纪念 1976 年唐山大地震和唐山人民在全国人民的全力支援下抗震救灾、重建唐山的伟大壮举而建立的。纪念馆于 2001 年被中宣部评为第二批全国爱国主义教育示范基地。

纪念馆始建于 1986 年，原名为“唐山地震资料陈列馆”，建筑面

◎唐山抗震纪念馆

积 1488 平方米。1996 年，为纪念抗震救灾 20 周年，唐山市委、市政府对原馆进行了扩建，同时更名为“唐山抗震纪念馆”。2006 年纪念唐山地震 30 周年之际又进行了大规模的改造，现有固定陈列为《唐山成就展览》。

纪念馆占地面积 3500 平方米，建筑面积 7700 平方米，展陈面积 4000 平方米，展线长度 620 延米，采用图片、实物、景观、多媒体等多种高科技的展出形式，声、光、电相结合，体现了新型展馆的现代化气息。

展览共设置景观模型及艺术品 21 个，等离子电视 6 台，电子触摸屏 4 台，实物展品共 3 大类 50 余件，照片 400 余张，静态图表 12 个，光电图表 14 个，文字版 31 个。

展览共由序及 9 个部分组成，第一部分综合介绍了唐山的地理位置、资源分布以及震后的发展情况。第二部分客观地反映了唐山大地震给唐山人民的生命财产造成的极其惨重的损失，记述了唐山人民在党的领导和全国人民的支援下抗震救灾、重建家园的英雄壮举和伟大业绩。第三部分至第九部分展示了在地震废墟上崛起的新唐山的风姿。

走出纪念馆，是纪念碑广场。抗震纪念碑气势逼人，犹如四只通天巨臂矗立在那里，让人看了豪迈顿生。新唐山必将拔地而起的气势和人定胜天的精神在这里表现得淋漓尽致。

抗震纪念碑

抗震纪念碑是唐山标志性建筑，于抗震 10 周年时建成。

纪念碑建在市中心新华道以南（建设路和文化路之间）纪念碑广场内。广场东西长 320 米，南北宽 170 米，占地 5.44 公顷。

广场东部是抗震纪念碑，西部是抗震纪念馆。两个主要建筑坐落在东西向同一个轴线上，纪念碑和纪念馆之间设有一座大型水池，并通过花岗岩石材铺砌的地面使两座建筑相连。

纪念碑由主碑和副碑组成。主碑碑座高3米，碑身高30米，由4根相互独立的梯形变截面钢筋混凝土碑柱组成，主体上端造型有四个收缩口，犹如伸向天际的巨手，象征人定胜天。

◎唐山抗震纪念碑

碑身四周高1.5米处，为8幅花岗岩浮雕，象征着全国四面八方的支援。浮雕记述了地震灾害和唐山人民在全国支援下抗震救灾、重建家园的英雄业绩。在碑身高8.5米处镶有一块长3.86米、宽1.6米的不锈钢匾额，上刻原中共中央总书记胡耀邦题写的“唐山抗震纪念碑”七个大字。

副碑位于主碑北侧33.5米处，宽9.5米，高2.96米，用花岗岩石块以废墟形式砌成，表现唐山地震的历史事件。碑身长4.3米，高1.6米。正面为磨光青花岗石镶嵌，上面镌刻碑文，记载地震时间、灾害以及抢险救灾，建设新唐山等内容，由中国书协常务理事夏湘平书写。背面为磨光青花岗花岗岩镶嵌，上镌刻英文碑文。主碑和副碑建在一个大型台基座上，台基四面有四组台阶，踏步均为4段，每段7步，共28步，象征“七·二八”这一难忘的时刻。

在纪念碑脚下设置有集束光投射灯，在周边绿地内装点有绿色投射灯及草坪灯，在广场、水体周边及山体安装了亮度适当的庭院灯和地灯。每当夜幕降临，抗震纪念碑通体雪亮，在整个广场的中心地位被映衬得尤为突出。

浴火重生

公元 1976 年 7 月 28 日，北京时间 3 时 42 分 53.8 秒，历史将永远铭记着这一时刻。

沉睡中的唐山市，万籁俱寂。陡然，一道蓝光刺破夜空。紧接着，天穹旋转，大地抖动。街道、铁路、楼房，在强烈的摇撼之中错位、变形，倒塌……，这就是震惊中外的“7·28”唐山大地震。

23 秒钟内，一座拥有百万人口，年产值约占全国百分之一的华北著名的工业城市，变成一片废墟。唐山市历史上最大的惨剧发生了。

整个华北大地在剧烈震颤。在华夏大地上，北至哈尔滨市，南至安徽蚌埠、江苏清江一线，西至内蒙磴口、宁夏吴忠一线，东至渤海岛屿和东北国境线，都受到了唐山大地震的影响。

这次大地震震级为 MS7.8 级。在这场灾难中，24 万人死亡；上万个家庭解体；97%的地面建筑、55%的生产设备毁坏；交通、供水、供电、通讯全部中断，直接经济损失 30 亿元。灾情之严重，损失之巨大，世所罕见，被视为“20 世纪全球十大灾难之一”。

这场劫难使世界各国地震、抗震、救灾专家受到震动，更加感到自己肩负责任的重大。1980 年以来，从世界各地来到唐山地震现场的地震、抗震、救灾专家已经有一百多批。他们在此研究考察，决心从这场惨痛的浩劫中吸取教训，总结经验，为地震科学的发展，为减轻地震灾害，做出不懈的努力。

地震后西方媒体曾断言“唐山从此在地球上消失了”。然而，唐山不仅没有被抹掉，而且以更加娇美的身姿、更加亮丽的容貌重新矗立在祖国的冀东大地上。党中央、国务院和河北省委、省政府对震后唐山的恢复建设极为关怀，组织全国规划专家共同编制了新唐山城市总体规划。唐山市也成为了中国第一座按规划设计进行建设的城市。

1986 年 7 月 28 日，唐山市召开纪念唐山抗震 10 周年大会。河北省省长解峰宣布：唐山的恢复和建设已基本完成，开始跨入“10 年振兴”的新阶段。1976 年 7 月 28 日，一场大地震将百万人口的工业城市唐山变成一片废墟。经过 10 年重建，一座新唐山从废墟上崛起。10 年来，新建房屋 1800 万平方米，全市人均居住面积 7 平方米以上。1985 年工农业总产值达 783000 多万元，比 10 年前增长一倍多。

新唐山犹如涅磐的凤凰在废墟上重新崛起。

城南庄晋察冀军区司令部旧址

概况

城南庄晋察冀司令部旧址位于阜平县城南 20 公里处。1937 年，晋察冀军区司令部曾设在这里。1948 年春，毛泽东、周恩来、任弼时等同志率中央机关由陕北向西柏坡转移，途经城南庄，在此居住、工作了 46 天。2005 年 11 月，城南庄晋察冀司令部旧址被中宣部评为第三批全国爱国主义教育示范基地。

这里北靠苍山主峰，南临胭脂河，苍松翠柏，风景秀美。依地势高低分为前后两个院。

前院是 15 间办公室和 18 间陈列馆，占地面积 5920.6 平方米。院子正中矗立着高达 3 米的聂荣臻铜像，院子的东西两边分别是 6 个展室。

第一展室主要展出毛泽东于 1948 年 4 月 10 日来到阜平，领导全国土改和整党工作的情况。

第二展室展出毛泽东、周恩来、任弼时、刘少奇领导全国搞土改和邓颖超在阜平搞土改的情况，其中有毛泽东起草的《新解放区农村

◎城南庄晋察冀军区司令部旧址

工作策略问题》、《怎样分析阶级及中央政府关于土地问题斗争中一些问题的决定》等重要文件的手稿。

第三展室主要展出毛泽东指挥全国解放战争的情况，其中有解放济南，收复延安，过长江及向全国发出进军命令，起草《纪念“五一”劳动节口号》，提出成立民主联合政府的政治主张等。

第四展室主要展出 1937 年 9 月中旬 115 师政治部在罗荣桓主任的领导下来到阜平创建敌后根据地的情况；同年 11 月以聂荣臻为司令员兼政委的晋察冀军区宣告成立及军区在阜平战斗工作的情况；晋察冀司令部、政治部、军区、边区所属单位驻地的村庄沙盘。

第五展室展出了聂荣臻司令员及肖克、杨成武在晋察冀指挥战斗的情况，晋察冀边区配合晋冀鲁军区在华北战斗中几次较大战役的情况。

第六展室主要展出阜平儿女在 1938 年至 1943 年 8 次反“扫荡”中艰苦战斗的情景，还展出了反“扫荡”结束后军民开展生产文化工作

的情况。

后院为晋察冀军区司令部旧址（也是毛泽东等中央领导同志居住旧址），有 3 排 23 间北屋，共占地 1361.7 平方米。其中包括毛泽东、周恩来、任弼时等领导同志及随行人员的办公室、电话室、会议室和作战室。院内有 1986 年 4 月 17 日胡耀邦视察阜平时，亲自栽下的四棵枣树和他的题词：立下愚公志，枣满太行山。

后山有个防空洞，长 200 米，在山坡另一面有两个出口。毛泽东等中央领导曾在这里避过敌人多次空袭。

聂荣臻十年驻马胭脂河

1937 年，“七七事变”爆发，抗日烽火燃遍华北大地。8 月，中国工农红军改编为国民革命军第八路军，朱德、彭德怀等率八路军东渡黄河，奔赴华北抗日前线。为挽救华北战局的危急，1937 年 8 月 22 日，115 师由陕西三原地区出发，东渡黄河，日夜兼程，开赴晋察冀，当年 10 月，成立了晋察冀军区，聂荣臻任司令员兼政委。

1938 年 1 月 10 日，聂荣臻在阜平领导成立了晋察冀边区政府。从 1937 年到 1948 年，聂荣臻和他领导的晋察冀军区在阜平工作战斗了 11 年。

◎聂荣臻在晋察冀军区司令部

聂荣臻出身于农民家庭，青年时期曾远赴法国、比利时、苏联等国勤工俭学。回国后，他在黄埔军校担任教官，先后参加和领导了广州起义、南昌起义。

抗日战争爆发后，聂荣臻以五台山和阜平为基地，以

3000 兵力为火种，遍燃抗日烽火，开创了华北第一块抗日根据地——晋察冀边区。

在极其残酷的环境中，晋察冀军区领导边区军民进行了艰苦卓绝的反“扫荡”、反“蚕食”斗争，组织指挥了闻名全国的黄土岭战斗、曲（阳）阜（平）战斗、陈庄战斗，并和晋冀鲁豫军区联合进行了“百团大战”，粉碎了敌人的多次“扫荡”，给日本侵略者以沉重打击。

在同日军浴血奋战的同时，军区指战员和人民群众开展了大生产运动和新文化建设，军民团结战斗，同甘苦、共患难，建立了深厚的无产阶级感情。根据地在斗争中不断巩固和壮大，最终形成地跨晋、绥、察、热、辽，辖 160 多个县区 4 千多万人口，纵横千里的广阔区域，成为夺取全国革命胜利的重要战略基地之一，曾被中共中央和毛主席誉为“模范抗日根据地”。陈毅曾赋诗一首，赠与聂荣臻元帅，诗文如下：

十年驻马胭脂河，
抗日反顽除万恶，
我来共话艰难史，
人民事业壮北岳。

毛主席来到城南庄

1947 年，蒋介石全面进攻解放区的罪恶计划破产后，向陕甘宁边区发动了“重点进攻”。党中央和毛主席英明决策，主动撤离延安，转战陕北。之后，毛主席东渡黄河，路经山西，翻越长城岭，于 1948 年 4 月 10 日抵达阜平，11 日来到城南庄，住在晋察冀军区司令部。随同毛主席一起到阜平的有周恩来、任弼时等中央领导同志。司令部共有三排五栋平房，毛主席住在后排西三间。

毛主席在城南庄期间，对土地改革问题十分关注。1947 年 7 月至

9月，中央工委在西柏坡召开了全国土地会议，制订了《中国土地法大纲》。边区的土改工作由此轰轰烈烈地开展起来。

但土改中也出现了一些问题，侵犯到富农的利益。这些偏差虽然刚刚露头，但立即被毛主席注意到了。早在来到城南庄的前一天晚上，毛主席住在西下关村，就委托任弼时召开当地区、村干部参加的土改工作座谈会，了解各方面的情况。来到城南庄不久，毛主席又委托任弼时主持召开了曲阳、阜平、定县3个县的县委书记和部分区委书记参加的土改和整党工作汇报会。

城南庄土改和整党汇报会后，毛主席于5月20日亲自给中共中央中原分局书记邓小平发去电报，确定了新解放区的土地改革政策。这样，老解放区的土改和整党工作走上了正确道路，经验也推广到了新解放区。

1948年“五一”国际劳动节就要到了，当时发动全面内战的蒋介石反动政权，很快就要在中国共产党领导的人民战争中失败，毛泽东意识到，全国人民需要统一行动，为新中国的成立做准备。

毛主席决定用发布口号的方式来表达这个政治意图。于是，他亲自起草了《纪念“五一”国际劳动节口号》，其中第五条明确提出：“各民主党派、各人民团体及社会贤达，迅速召开政治协商会议，讨论并实现召集人民代表大会，成立民主联合政府”。

1948年5月1日，《纪念“五一”国际劳动节口号》在《晋察冀日报》第一版头条位置发表，共23条，竖行排版，毛泽东侧身头像端端正正地印在口号上方。当天，新华社广播电台也进行了广播。

《纪念“五一”国际劳动节口号》公开发布之后，得到了全国各民主党派、各人民团体、各界民主人士、国内少数民族和海外侨胞的热烈响应，纷纷来信来电，对共产党这一决定表示拥护。

毛主席复电支持他们的爱国行动。此后，他们中许多代表人物响应党中央的号召，从国民党统治区和海外纷纷来到解放区，进行建国筹备工作。“五一”国际劳动节口号，可以说是建立新中国的动员令。

1948 年 4 月 11 日，毛主席进驻城南庄，1948 年 5 月 26 日，毛主席离开城南庄，前往平山县西柏坡村，共在这里生活、工作了 46 天。随后，晋察冀军区司令部也迁往平山县雁堡村。

献县马本斋纪念馆

概况

马本斋纪念馆位于献县本斋乡本斋村北，占地 110 亩，分南北两院。2005 年纪念馆被中宣部评为第三批爱国主义教育示范基地。

南院为马本斋母子烈士陵园，匾额由原中央政治局常委、中央军

◎马本斋纪念馆

委副主席刘华清题写。院中央高大的汉白玉纪念碑直插云霄。正反面镌刻着毛泽东主席与朱德总司令的题词。纪念碑南面是马本斋母子的陵墓，被一座汉白玉铺底的月牙形花坛环抱着。

此外，南院另有影视厅、追忆厅。影视厅以放映纪录片光盘资料和影视资料为主，追忆厅为马本斋生前领导、战友追忆的题词、字画。

北院与南院一路之隔，为马本斋纪念馆主馆，匾额由原全国政协副主席叶选平题写。进入院门后是一方形广场，靠北侧矗立着马本斋骑马雕像。

过了雕像，有一排坡度很缓的台阶。拾级而上，有一步步走向崇高之感。纪念馆入口设高大的穹隆，四根斜棱柱做倾斜造型，似乎用巨大的力量将展厅悬在中间。淡黄色与深黄色相间的外表，看上去显得很素雅。

纪念馆入口处为马本斋石雕立像，周围摆满了前来参观人士敬献的鲜花和花篮。雕像后面是一座巨大的屏风，上面有毛泽东题写的“马本斋同志不死”七个大字。

展厅分六部分，采用图片、实物、沙盘、文字及电视灯相结合的形式，再现了马本斋烈士忧国忧民、英勇奋斗的一生和马母宁死不屈的高风亮节。

为了纪念马本斋，发扬烈士精神，献县于 1985 年始建由三间房构成的“马母祠”，后几经修建，形成了占地 3000 平方米，拥有房屋 12 间，其中大型展室 3 间的马本斋母子烈士陵园。1999 年，为进一步弘扬爱国主义精神，由省、市分别投资，建设马本斋纪念馆。

回民英雄马本斋

马本斋，1901 年出生于河北省献县东辛庄。自幼聪颖，读过私塾，粗通文墨，后为生活所迫，随父亲到东北。之后投身奉军（东北军）。1924 年入“东北讲武堂”学习，在讲武堂毕业后，从士兵开始先后任

◎马本斋

排长、连长、营长，直至升任奉军独立 21 师第四团团长。1931 年“九一八”事变后，因不满蒋介石的不抵抗政策，毅然弃官还乡务农。

抗日战争爆发后，吕正操率领的东北军两个营和一部分群众武装，到河北开展游击战争，开创了冀中抗日的新局面。在这种新形势下，具有强烈爱国心的马本斋挺身而出，组织了回民抗日武装——回民义勇队，开始了同日本侵略者的英勇斗争。

不久，马本斋和党组织取得了联系，在党的领导和八路军的帮助下，回民义勇队迅速发展、壮大，改名为冀中游击军回民教导队。1938 年 7 月，回民教导队和吕正操组织的冀中军区回民干部教导队合编为回民干部教导总队，马本斋任总队长。

同年，马本斋加入了中国共产党。他在入党申请书上写道：“我决心为回民族的解放奋斗到底，而回族的彻底解放，只有在中国共产党帮助与领导下方能实现。”此后，他以无比的热情和坚强的毅力，完成党交给他的各项任务。

1940 年的康庄战斗中，马本斋指挥部队从四面八方向敌军猛烈进攻，经过半小时的战斗，除 6、7 个伪军逃跑外，其余 50 余人全部被歼灭。这次战斗，缴获大炮一门，重机枪一挺，轻机枪两挺，步枪 60 余支，马 10 余匹，以及许多弹药。八路军冀中军区通报嘉奖马本斋同志，并授予回民总队“攻无不克，坚而不摧，打不垮，拖不烂的铁军”的锦旗。

7 年间，马本斋指挥回汉健儿，转战于冀中平原、渤海之滨，驰骋于冀鲁豫广大敌后战场。身经大小战斗 800 余次，消灭日伪军 3 万余名，使敌人闻风丧胆。

在艰苦的战争岁月里，马本斋还不忘认真学习，关心战士和群众，受到大家的爱戴。由于长期劳累，他身患疾病，但为了工作，他不愿休养、治疗。直到病得不能起床，才被同志们送进了医院。后来，病情进一步恶化，在弥留之际，他嘱咐家属说："我觉得不能为人民为国家为党做更多的工作是件憾事，教孩子继续我的志向做革命工作，告诉三弟领导回民抗战，革命到底。"

◎马本斋烈士墓

1944 年 2 月 7 日，中国共产党的优秀党员，中华民族的优秀儿子马本斋，在山东莘县不幸逝世，终年 43 岁。

在马本斋病逝后，社会各界纷纷举行怀念活动。在延安举行的追悼大会上，毛泽东主席亲撰挽联："马本斋同志不死"。他的伟大献身精神和英雄业绩将永远是中国共产党和人民群众所铭记。

马母绝食殉国

马本斋的母亲是一位深明大义坚贞不屈的母亲。

1941 年 9 月 25 日，日本包围了献县东辛庄，妄图抓住马本斋的母亲，然后以马母为诱饵，诱使马本斋率部来救，乘机消灭回民支队。日寇对当地群众用尽酷刑，逼问马母去向。群众宁死不屈，残忍地日寇竟然将其中两人刺死。

马本斋的母亲不顾群众阻拦，挺身而出，大骂日寇的卑劣行径。日军将马母带到了县城，并对马母威逼利诱，让她写劝降信说服儿子“归顺皇军”，享受“荣华富贵”。但马母坚贞不屈，为了不让敌人利用自己牵制儿子，马母以绝食的方式进行抗争，最后壮烈殉国。

在马本斋知道母亲被日寇带走后，心里悲痛万分。但是他知道这是敌人的毒计，反倒劝告大家说：“要以党的事业和抗战大局为重，绝不能上敌人的当！”马母牺牲后，马本斋与回民支队全军戴孝，表达对英雄母亲的怀念。马本斋奋笔疾书：“伟大母亲，虽死犹生；儿承母志，继续斗争！”

晋冀鲁豫烈士陵园

概况

晋冀鲁豫烈士陵园位于邯郸市陵园路中段。1946 年 3 月奠基，1950 年 10 月落成。陵园占地 320 亩，分南北两院，是中国共产党建筑最早、规模最大、老一辈无产阶级革命家的题词和碑文最多的烈士陵园。2005 年 11 月，陵园被中宣部评为第三批全国爱国主义教育示范基地。

陵园北院以园林建筑为主。陵园正门宽 40 米，高 9 米，宏大浑厚、巍峨庄严，是具有民族风格的现代建筑。横额上镶嵌着朱德 1946 年 3 月的题字“晋冀鲁豫烈士陵园”。两侧是毛泽东的诗词“为有牺牲多壮志，敢教日月换新天”。大门背面横额上是朱德的题字“浩气长存”。

入门巍然耸立着高 24 米的烈士纪念塔，塔顶光芒四射的红五星，象征着中国革命的伟大胜利。塔的正面镌刻着毛泽东的题词：“英勇牺牲的烈士们千古无上光荣”，东、北、西三面分别为周恩来、刘少

◎晋冀鲁豫烈士陵园

奇、朱德的题词。

纪念塔正北是人民英雄纪念墓，为纪念所有牺牲于晋冀鲁豫边区的革命烈士而建。墓内陈列着 317 名团职以上烈士英名录。纪念墓前面东西两侧有“八路军”和“民兵”两组群雕，造型逼真、栩栩如生，令人肃然起敬。

左权将军墓，由碑亭和墓体组成。碑亭横额上刻有谢觉哉的题词“人民共仰”，两侧是“大节忠贞彪史册，正气磅礴壮山河”，汉白玉墓碑上的“左权将军之墓”为周恩来所题。碑旁有朱德的挽诗和彭德怀撰写的墓志。左权将军墓对面是肃穆庄严的左权将军纪念馆。

四八烈士阁位于北院的西北部，是一座双层六角传统塔式楼阁。为纪念 1946 年 4 月 8 日在山西兴县黑茶山因飞机失事而遇难的王若飞、秦邦宪、叶挺、邓发等 13 人修建的。林伯渠手书“四八烈士阁”、“为人民民主而死”分别高悬在二层、一层正面，阁内有毛泽东的题词

“为人民而死，虽死犹荣”，展出有烈士简历和雕像。

南院以陵为主，有纪念亭、纪念碑及烈士墓。墓内安葬着团级以上的干部和边区著名杀敌英雄约200名。

题词最多的陵园

1945年4月，党的七大在延安召开，会上举行了中国革命死难烈士追悼大会，并酝酿抗日战争胜利后建立烈士陵园。1946年晋冀鲁豫边区参议会做出决议，晋冀鲁豫烈士陵园在邯郸修建。历经4年多的建设，陵园主要建筑于1950年10月竣工。

烈士陵园的建设和发展，始终得到党和国家领导人的高度重视和亲切关怀。

朱德曾3次来陵园指导建设工作。1948年4月，朱德在指挥鲁西北作战间隙，来到邯郸，就在陵园居住，听取关于陵园建设的汇报，并亲自到工地上慰问工人。回去后给陵园寄来200万边币，以资鼓励。为了纪念朱总司令的亲切关怀，工人一致建议把钱用在陵园的建设上，后来用此款修建了左权将军纪念馆前的石拱桥，命名为朱德桥。

◎晋冀鲁豫烈士陵园纪念塔

陈毅也曾5次来陵园居住，并亲笔题词，写下了一首诗：“往来邯郸道，数度谒陵园。光辉照寰宇，成仁齐圣贤。大众歌盛德，英勇足世传。遗爱般般在，毋忘缔造难。”

刘伯承作为陵园筹建委员

会主要负责人，对陵园的建设极为关怀，每次到邯郸总要到陵园看看。他与筹建处的几位负责人会谈，鼓励他们克服一切困难，竭尽全力把陵园建设好。

1952年11月1日，毛泽东在视察中国南方的归途中，在邯郸站下车，专程到陵园缅怀烈士。汽车停在陵园门外，毛主席和滕代远、罗瑞卿一行人徒步走进来，沿“烈士纪念塔”环绕一周，经“陈列馆”、“人民英雄纪念墓”，来到左权将军墓前，脱帽致哀，默立良久。

1959年6月4日，周恩来到邯郸视察，特意驱车来到陵园，指导陵园建设。现在园内人民英雄纪念碑和墓前的两组群雕都是遵照总理的指示改造和设置的。

1991年9月19日，江泽民来陵园参观，并亲笔题词：“英雄业绩光照万代，烈士捐躯虽死犹生”。

还有很多党和国家领导人先后来园谒陵，对陵园的建设都做过重要指示并题词赋诗。2.1万余件园藏文物、珍贵历史图片中，党和国家领导人题词之多，成为全国革命烈士纪念地之最。

抗日名将左权

左权，1905年生，湖南省醴陵县人。1924年入黄埔军校学习。1925年2月加入中国共产党。同年12月赴苏联，先后在莫斯科中山大学、伏龙芝军事学院学习。1930年回国后到中央苏区工作，历任中国工农红军和八路军高级指挥员，参加了中央苏区历次反“围剿”作战和长征。

1942年5月，日军纠集3万兵力，对太行抗日根据地进行残酷的大“扫荡”，形势空前严峻。鉴于当时敌我兵力对比悬殊，八路军的副总参谋长左权提出在敌军分路合击时，乘隙钻出合击圈，当日军扑空撤退时，伺机集中兵力歼敌。

一切部署完毕后，八路军总部于5月23日奉命转移。日军专门组建的“特别挺进杀人队”在麻田发现了八路军首脑机关，多路日军同时向麻田方向集结。警卫连仅仅 200 多人顽强地抵御着 2000 多日伪军的轮番进攻。为保证八路军总部的安全转移，左权冒着生命危险，站在山头上沉着地指挥战斗。

5 月 25 日上午，突围队伍仍然没有脱离险境，四周都是激烈的枪炮声。日伪军以“纵横合击”战术构成的包围圈在一步步地收紧。日军飞机也从空中不时地投弹、扫射。左权带领大家分三路纵队突围。

日伪军发觉了八路军分路突围的意图，迅速收缩合围圈，炮弹也更加密集，给突围的人们造成了极大的混乱和恐慌。

面对这一极度危险处境，左权一边鼓舞士气，一边迅速督促总部机关尽快转移。紧接着他又奔向司令部直属队，继续指挥着大队人马的突围行动，他的身体这时已极度虚弱，但仍然尽全力招呼着每一个人。

当队伍冲向敌军最后一道封锁线时，敌人火力更加凶猛。突然，一发炮弹落在左权身边，他不顾危险，高喊着让大家卧倒。接着第二发炮弹接踵而至，左权身中数枚弹片，壮烈牺牲。

左权是八路军在抗日战场上牺牲的最高指挥员。名将阵亡，全党为之悲痛。周恩来称他“足以为党之模范”，朱德赞誉他是“中国军事界不可多得的人才”。为纪念左权，1943 年 9 月，晋冀鲁豫边区政府决定将辽县改名为左权县。1950 年 10 月，中央人民政府批准将左权灵柩移至晋冀鲁豫烈士陵园。

潘家戴庄惨案纪念馆

概况

潘家戴庄惨案纪念馆坐落在河北省滦南县潘家戴庄村东。纪念馆占地 7300 平方米，主馆展览面积 1260 平方米。总体布局由南到北，依

◎潘家戴庄惨案纪念馆

次为停车场、绿地、记事碑、悼念广场、纪念碑、冤魂墙、下沉广场、陈列馆，形成层次分明的空间序列，从东至西有影视厅、接待室、埋人方坑和合葬墓,是一个集惨案性、遗址性、纪念性于一身的标志性建筑。

主馆为二层楼房，长 57 米，建筑面积 1661 平方米。一层楼覆盖惨案长坑，属于半地上半地下建筑。二层楼是惨案系列展览，房顶两侧分别为高 1.9 米的警钟，象征着警钟长鸣，教育后人勿忘国耻。中间是高 2.4 米的水泥框架，象征着被烧毁的残墙断壁。

二楼展厅巨幅画面和前言，直接切入主题，介绍了潘家戴庄惨案情况，拉开了陈列展览的序幕。

西侧展厅，用翔实的历史资料，揭露了日本侵略者在中国，在冀东、在滦南，特别是在潘家戴庄实行“三光政策”的野蛮暴行，并配以模型、景观、图画，使人身临其境，烘托了惨案气氛。

东侧展厅前段主要反映了制造潘家戴庄惨案的日伪军得到的应有惩罚的情况，向世人做交待。

后半部分简介了历次建塔、建碑、建馆和利用惨案遗址进行爱国主义教育以及国内外人士凭吊的情况。

黑色花岗岩冤魂墙上醒目地刻着 1942 和 1280，昭示人们不要忘记 1942 年有 1280 名同胞在这里遇难。冤魂墙正中的错台缺口，隐喻着遇难者的呐喊和控诉。冤魂墙背面是按姓名、性别、年龄刻写的遇难者名单，既真实地再现了历史，又表达了对遇难者的悼念。

惨案遗址一直是周边群众凭吊遇难同胞、追忆民族耻辱的爱国主义教育场所。1952 年，唐山地区专员公署主持在潘家戴庄村西南建“抗日战争潘家戴庄殉难同胞纪念塔”。1967 年，滦南县增建纪念馆，陈列惨案遗物。1971 年，滦南县革命委员会将纪念塔迁至“千人坑”惨案遗址处，更名为“抗日战争潘家戴庄殉难烈日纪念碑”，1976 年毁于唐山大地震。1991 年 7 月 7 日，滦南县人民政府重修惨案遗址纪念碑。1997 年 11 月，由省、市、县共同投资 557 万元兴建潘家戴庄惨案纪念馆，2000 年 12 月 9 日正式开馆。

2004 年，纪念馆被中宣部评为第三批全国爱国主义教育示范基地。

馆中之馆

一楼尸骨陈列馆是馆中之馆，重中之重。

一踏进鹅卵石铺就的地面，环顾埋人长坑遗址，就给人一种沉重之感。再看局部发掘出的形态各异的累累白骨，会使人联想到这些死难者被埋时的惨象，发出一种心灵的震颤。

影视厅放映的《历史的血证》，声情并茂的解说，珍贵的历史画面，又从另一视角反映了潘家戴庄惨案情况，警示人们：勿忘国耻，珍惜和平，团结奋斗，振兴中华。

千人坑全部含在一楼半地下大厅内，长 45.9 米，最宽处约 6.1 米，这里就是当年的大屠杀现场。西半部分为保护区，坑的边界做了围砌处理。围砌过程中无意发现了 5 例尸骨个体，也就地保护，予以展出。东半部分为发掘展出区，103 平方米的范围内，共发掘出 21 例遇难同胞尸骨个体。有的身首异处，有的被钝器类击打致死，有的被刀斧砍断肢骨，有的被火烧活埋，有的依偎重叠一起，惨不忍睹。

坑内原物陈列着银手镯、戒指、耳环、纽扣等遇难者遗物及日军残杀和平居民用的铁凶器等 30 余件。陈展中对开挖部分的土层、骨骸做了防潮、防腐处理，对其原始性予以强调，以原状形式陈列，并根据专家鉴定对骨骸的性别、年龄做出标志。

辅助陈列由疯狂侵略、三光铁证、正义审判、警钟长鸣四个部分和序厅组成。运用了大批原始文物资料，比如有 1942 年 12 月 5 日惨案发生时日伪军摔小孩的碌碡原件，19 名婴儿曾摔死在这两个石头碌碡上；有日伪军抢劫粮食的大车轱辘，车轴由于被压断而遗弃，村人保留至今；还有挖埋人坑用的镐、锹、打人的扁担、棒子、被烧的门窗等物品。

序厅正面是宽 14 米、高 3.4 米的巨幅电脑喷绘，画面主体是惨案幸存者周树恩当年在特别军事法庭上出庭作证时的半身照片。他的背后是铺天盖地的一页一页的控告书，由惨案幸存者、遇难者家属和目击人所写。控告书上排满了村民的鲜红的手印，触目惊心。画面右下角是日本战犯铃木启久受审时跪地谢罪的照片。整个画面气势恢弘，历史证明，正义终究会将邪恶压倒。

村庄的哭泣

1942 年 12 月 4 日，冀东地方武装八路军基干队由唐官营转移到程庄。这个消息被日军的探子打听到了。于是日军骑兵队长铃木信把张各庄、司各庄的侵华日军召集起来，共 200 余人，于当夜 12 点向程庄进发，企图一举消灭八路军基干队。

基干队得知了日军的行动，随即撤离，迂回到戴庄村北两公里处，设下埋伏，当场击毙了一个前来围剿的日本鬼子。

面对这突如其来的打击，铃木信慌了手脚。他怎么都没有想到会在潘家戴庄村北遭伏击，于是急令撤退至皂户村。基干队势单力薄，寡不敌众，也迅速转移。

12 月 5 日清晨，日军得知八路军逃跑的消息。少将团长铃木启久为了报复，发出了“彻底肃正该村庄”的命令。在队长铃木信的指挥下，日军骑兵队 250 余人，包围了戴庄村，并强迫男女老少，统统到村东听“皇军”训话，慢者棍棒打，违者杀头。

在敌人的威逼下，全村老少都被驱赶到村东南地主潘俊章的打谷场上强迫跪着听训。从十点开始，日军以问八路军的去向为理由开始动手，以枪杀棒打、锹铲镐砸、活埋火烧等极其残忍的手段，血洗了潘家戴庄，共屠杀居民 1280 人，抢夺财物 44 车，烧毁民房 1030 间，村内财物被抢劫一空。

屠杀一直持续到傍晚。敌军为了毁灭证据，点燃了大火，然后载着掠夺的民财，洋洋得意地离开了潘家戴庄。

大火一直烧了三天三夜，整个村庄被烧成一片焦土。这就是冀东地区最大的、骇人听闻的潘家戴庄惨案。

山海关长城博物馆

概况

山海关长城博物馆，位于河北省秦皇岛市山海关城内，为一处精致的仿古建筑群，由前国家主席李先念亲笔题写馆名。全馆分设序厅、长城历史厅、长城军事厅、长城文化厅、山海关长城厅等 6 个展厅。博物馆自 1991 年 7 月正式对外开放，是我国三大长城博物馆之一，于 2009 年被评为第四批全国爱国主义教育示范基地。

山海关长城博物馆既是全面展示世界文化瑰宝中国万里长城的知

◎山海关长城博物馆

识殿堂，又是万里长城精华地段山海关长城的精彩浓缩。馆内陈列大量的长城文物、资料图片、模型雕塑和带有音像立体表演的大型山海关文物沙盘，充溢着知识性、科学性和技术性。参观山海关长城博物馆，可“小”中见“大”，即可以看到“上下两千多年，纵横十万余里”的长城神姿，又可以领悟古老而辉煌的中国历史文化。

基本陈列有：

序厅：迎门矗立着《徐达塑像》，纪念他在明洪武十四年（1381）奉诏修筑长城，建关设卫并定名“山海关”的事迹。

长城历史厅：以《半坡壕堑》模型展示7千年前，氏族部落人们围绕居住区挖掘的围沟，用以防洪阻兽，保护氏族安全，起着墙与城之作用。文字与照片说明长城起源于春秋战国时期。随着战争规模的扩大，兵器种类的更新，秦、汉、金、明各代修筑的长城超过万里。

长城建筑厅：以照片、模型、实物展示长城修建的选址与布局、形式与结构、用料与施工以及劳力来源等。展柜内陈列着四百多年前的砖瓦、灰料和筑城用具。

◎山海关关口

长城军事厅：展示出长城的军事功能：1.防御掠扰、保卫边防。2.保卫屯田、开发屯田、保卫边疆生产。3.保护通讯和商旅、使者安全往来。

长城文化厅：80余幅照片展示出长城沿线的名胜古迹、寺观庙宇、宫殿陵寝、石窟崖画、碑亭宝塔。另有文庙古建和婚嫁人物模型两组。

山海关长城厅：展出由声、光、电控制缩微组合的山海关长城军事防御体系模型。表明山海关长城从渤海之滨的老龙头向北蜿蜒26公里，犹如蛟龙越过平原攀上山峦到达九门口。将山、海、关系为一体的景象，同时显示以关城为中心的城、关、墙、卫城、敌台、烽火台等建筑群体。它主次分明、点线结合、彼此呼应，成为明长城中严密、完备的军事防御系统。

馆内展出珍贵文物162件，照片157幅，绘画14幅，图表14幅，模型14件，塑像、砖刻像5座，泥塑34件，电动图表1台，磨漆屏风画1组，大模型1组。

中国精神的象征

万里长城，以它浩大的工程，雄伟的气魄和悠久的历史举世闻名。它像一条巨龙，越荒漠穿草原，盘旋在高山之上，游走于黄河岸旁和渤海之滨。从修筑伊始到最后完成，跨越两千多年历史。

现存的长城，主要是明朝在前人的基础上修筑的。东起山海关，西至嘉峪关，全长6000多公里。有人这样估算过：如果仅仅把现存长城所用的砖石土方，筑成一道2米厚、4米高的围墙，那么它可以环绕地球一周多。所以，称中国万里长城为世界奇迹是名副其实的。

在长城上，有一座雄伟的城楼，依山傍海，十分壮观。这就是历史名关——山海关，有天下第一关之称。

山海关是长城的重要组成部分。它北依燕山，东傍渤海，地扼东北通向华北的咽喉，地理位置十分重要。平时，这里是关内外经济、文化交流的要隘，战时则是兵家必争之地。前人曾以“两面三刀京锁钥无双地，万里长城第一关”的诗句，来形容其险要。

山海关之所以称为“天下第一关”，是因为地势险要，修筑精巧，作用重大。当年，山海关关城周长 4 公里多，外绕宽 16 米、深 8 米的护城河，城高 12 米。城的四面各有一个关门，东门“镇东”，即“天下第一关”门。在门城的东西各筑罗城，关城南北各筑翼城，以驻军队，互为犄角。关城东数里外又筑威远城、烽火台、敌台等附属工程。

以上这些建筑，众星拱月般地拱卫着主建筑山海关关城，组成了一个完整的防御工程体系，起着长城东首重镇的作用，体现了中国古代劳动人民卓越的建筑艺术和军事才能。

山海关及山海关长城所承载的丰富历史内涵，得到了社会各界不同知识结构、不同年龄层次人群的广泛认同。

冀南烈士陵园

概况

冀南烈士陵园位于邢台南宫市城区，占地 22 万余平方米，建于 1946 年 3 月，是河北省建园最早、占地面积最大的陵园之一。2009 年 5 月，冀南烈士陵园被中宣部评为第四批全国爱国主义教育示范基地。

进入陵园正门，沿甬道西行北望，陵园的主体建筑——冀南烈士

◎冀南烈士纪念塔

纪念塔映入眼帘。塔盘呈圆形，直径 25 米，用 7000 块青石砌成，分上下两层平台。平台四周是精心装饰的水磨石栏杆。塔身南面刻有毛泽东的题词："为国牺牲永垂不朽"，塔身北面是邓小平 1983 年题写的"冀南烈士纪念塔"。

烈士纪念塔高大挺拔，塔基的大圆盘象征着社会主义政权永固，八级台阶和三层平台寓意八年抗战和三年解放战争，它是冀南人民伟大胜利的象征。

纪念塔西面是 1986 年落成的烈士纪念亭，这座具有民族风格的双层八角亭，造型美观、古朴典雅、令人赞叹，亭内的八面汉白玉碑上刻有徐向前、陈再道、王任重等老一辈革命家的题词及原冀南区近千名县团级以上的烈士英名。

塔正北是一个长方形的广场，广场南侧东西各建有一座小型纪念碑，是陵园最早的纪念性建筑。碑上刻有原冀南区领导人刘志坚、陈再道、杨秀峰、李菁玉、范若一、马国瑞的题词。

广场北面是冀南革命斗争纪念馆。馆名由原冀南区领导胥光义题写。纪念馆通过 200 余幅图片、文字、沙盘、模型、实物、图表、场景复原等现代化手段，生动地再现了冀南革命斗争历程。

馆的北面是四合院，西厅和北厅是由刘志坚同志题写的"英烈堂"和"铭碑堂"。英烈堂展览着冀南百余名著名烈士的事迹。铭碑堂内展录 30 余幅烈士遗诗和豪言壮语，几十幅冀南原领导人的亲笔题词和著名书法家书写的歌颂先烈的笔迹。

陵园正门牌坊南部为墓区，1959年修建的大型革命烈士公墓内安放着土地革命、抗日战争、解放战争中牺牲的633名无名烈士遗骨。

公墓广场之西的烈士单人墓区内安葬着模范县长郭企之、游击队长刘文信等100位烈士遗骨。每座墓都是用花岗岩石砌筑，上面黑花岗岩石板刻有烈士生平简历。

烈士骨灰室建筑面积490平方米，1977年建成，室内安放着35名社会主义建设时期牺牲的烈士骨灰，展录着冀南区44个县市5万余名烈士的英名。

冀南回眸

冀南是指今天的河北省南部，即东临津浦路，西依太行山，北靠德石路，南至晋、豫、鲁三省接壤毗邻的广大地区，辖44个县市。1949年8月，根据党中央的决定，撤销冀南行政区。

冀南人民有着悠久的革命斗争传统，在中国共产党的影响下，于1925年先后在邢台4师、大名7师、冀县6师建立了中共党组织，革命的星星之火从此点燃。

1935年爆发了历时一年多的“冀南农民武装暴动”，声势浩大，有力地打击了反动势力。

抗日战争爆发后，八路军129师开赴冀南，开创敌后抗日根据地，在异常艰苦的环境下，与日本侵略军进行了长达8年的艰苦卓绝的武装斗争。

在解放战争时期，冀南人民为保卫胜利果实，争取全国解放，踊跃参军参战，3年中，共有10万余人参军，先后组建了3个纵队南征。后方积极发展生产，支援前线。据统计，共织布234万匹，做军鞋69万双，组织支前民工队伍，把大批的粮食、衣服、鞋袜等物品，源源不断地送到前方。

在艰苦的战争年代里，冀南人民以5万多名优秀儿女的生命，换来了革命斗争的胜利，换来了幸福美好的今天。

模范县长郭企之

郭企之，原名郭福记，河北南宫县安宋庄人，1915 年出生于富裕农民家庭。1930 年加入中国共产党。

在敌后抗日根据地，均由选举产生各级抗日政权。郭企之在曲周工作时，坚持党的抗日救国政策，工作深入细致，与群众同甘共苦。曲周县的人民有口皆碑，全部投票赞成郭企之任县长。冀南区的第一个民选县长就这样产生了。

1939 年 2 月，郭企之在南里岳村被捕。由于随身携带的一些文件来不及销毁，他的身份暴露了。敌人如获至宝，立即把他送到南里岳村教堂——日本鬼子的临时指挥部。

敌人用铁丝把郭企之的两个手腕穿透了，然后又拧在一起。鲜血把地面染红了一大片。日本侵略军凑过来问："你是什么人?"郭企之知道自己的身份已暴露，便用脚在地上写了"县长"两个大字。日本侵略军被他的英雄气概和苍劲有力的两个大字吓呆了。

敌人软硬兼施，绞尽脑汁，用尽各种方法，从郭企之身上还是得不到任何有价值的信息。于是在 1939 年 3 月 29 日下午，将他绑赴刑场。

在城东北角的墙根下，敌人早已挖好了一个一人多深的土坑，郭企之意识到这就是自己的丧身之所。他视死如归，以坚定的步伐，走到土坑前，回身对宪兵队长平岛说："狗强盗，你杀吧！共产党员是不怕死的，中国人民是杀不完的。总有一天，我们要向你们讨还血债！"说完纵身跳下土坑。

平岛和几个鬼子同时抽出战刀，再一次威胁说："你投降不投降?"郭企之不屑一顾，高声回答："宁做断头鬼，不做亡国奴！"继而又高呼："打倒日本帝国主义！""中华民族解放万岁！""中国共

产党万岁！”随着企之同志一声一声地高呼口号，敌人一层一层地往他身上埋土。

当黄土埋到企之同志胸口时，平岛最后一次问他：“你投不投降？”郭企之怒视着平岛，竭尽全力高声喊道：“打倒日本强盗！”“打倒屠杀中国人民的刽子手！”

他那视死如归的气势和凛然磅礴的口号声，表现了中华民族优秀儿女的威严和不屈的精神。模范县长郭企之，就这样壮烈牺牲了。

热河烈士陵园

概况

热河烈士陵园位于河北省承德市区南部的松鹤山上。坐西朝东，占地面积 8 万平方米。园区内松柏苍翠，建筑古朴，与历史文化名城格调相符。主要建筑有高达 31.6 米的纪念碑和 1500 平方米的三座陈列馆。2009 年 5 月，热河烈士陵园被中宣部评为第四批全国爱国主义教育示范基地。

走进大门拾阶而上，依山就势的 98 级台阶，寓意中国人民永远不

◎热河烈士陵园

会忘记“九一八”国难，永远不会忘记日本帝国主义在侵华战争中犯下的滔天罪行。

通过长达百米的宽阔甬道，占地 1200 多平方米的纪念碑主体展现在眼前。纪念碑由花岗岩砌筑，高达 31.6 米。碑身正面，朱德元帅亲笔题写的“革命烈士永垂不朽”8 个金色大字熠熠生辉。

纪念碑的后面是占地 420 平方米的“陈列馆”。展厅正面悬挂着萧克将军题写的“陈列馆”牌匾。

热河烈士陵园于 1956 年破土动工，1965 年竣工并正式开放。原热河省省长李运昌亲笔题写了馆名。

建馆 60 余年来，收集了数千万字的烈士资料和大量的革命文物，保存了 5000 多名烈士英名录。馆藏著名烈士有：抗日民族英雄孙永勤，共产党早期活动家、热河民军司令陈镜湖，冀东军分区副司令员包森，迁遵兴联合县县长姚铁民，西安事变中捉蒋功臣刘桂五，全国战斗英雄董存瑞等数十位烈士事迹。其中团职以上 30 余名，立卷达 200 多名。

热河回眸

承德，古称热河，位于河北省东北部、辽宁省南部及内蒙古自治区的东南部。1949 年 1 月 10 日成立热河省人民政府，辖承德市、围场、隆化等 16 县 4 旗。总面积为 19 万平方千米。1956 年 1 月热河撤销省建制，承德市划归河北省。

热河人民富有光荣革命传统和爱国精神，为谋求解放曾经进行过英勇顽强的斗争，在中国革命斗争史上写下了光辉的一页。

1931 年“九一八”事变后，日本帝国主义侵略东北，妄图实现吞并整个中国的野心。热河成了它前进道路上的重要障碍，只有占领热河，才能屏蔽满洲，威慑平津，控制中原。

1933 年 2 月，日军分三路进犯热河。国民党奉行不抵抗政策，日军不费一枪一弹就占领了热河省会——承德。热河人民从此陷入了日

本帝国主义的法西斯统治中。

热河人民不甘沦为亡国奴，涌现出一大批爱国志士，抗日的烈火在热河大地上熊熊燃烧起来。

1938 年 6 月，热河人民为了反抗日本侵略者，在中国共产党的领导下，发动了震惊中外的冀热边抗日大暴动，在热河境内建立了 11 个抗日县政权，组织了众多的抗日游击队和民兵，在长达 500 千米的长城沿线同敌人展开了艰苦卓绝的斗争。

经过 12 年半的浴血奋战，热河人民付出了 10 余万人牺牲的代价，终于在 1945 年 8 月打败了日本侵略者，赢得了抗日战争的完全胜利。

在解放战争中，中国共产党以热河为中心，建立了冀热辽革命根据地，为挺进东北，解放华北做出了重要贡献。

热河抗日民族英雄孙永勤

孙永勤，1893 年生于今兴隆县孙杖子村的一个富裕农民家庭。为人正直，性格豪爽，在家乡黄花川一带威望很高。当时统治热河的汤玉麟，横征暴敛，把热河变成了人间地狱，民不聊生。为保护家乡，各地纷纷组织武装，成立火会。由于孙永勤有勇有谋，先后被推举为黄花川火会副头领、头领。孙永勤带领火会弟兄，不畏强敌，多次打退土匪的骚扰和进攻，赢得了“黑脸门神”的绰号。

◎孙永勤雕像

日军占领热河后，首先推行“土地等级政策”，搜刮人民的财税，后来推行“锐器回收政策”，强迫农民无偿上缴所有枪支。孙永勤亲眼目睹乡亲们的悲惨遭遇，决定奋起反抗。于是，孙永勤率 16 位农民，共计 17 人，在一座庙中歃血为盟。宣誓“头可断，血可流，敌不死，志不屈”，正式成立民众军，在长城以北的深山里与日伪军展开了殊死搏斗。

孙永勤的行动受到了中国共产党的关注。1934 年 5 月，中共遵化县委秘密派军事干事与孙永勤会晤，并介绍中国共产党的抗日主张和政策。孙永勤的政治视野和思想一下子得到了升华。他接受了中国共产党的主张，将人数已发展成 5000 余人的民众军改为“抗日救国军”，并对部队做了抗日到底、联系群众的教育。整编之后的救国军焕然一新，被群众亲切地称为“及时雨”、“仁义之师”。

日本关东军对孙永勤采取了招抚、围剿两种方法，都无济于事。既然在长城以北的山林地区消灭不了孙永勤，日军想出了一个非常阴险的计谋：用重兵从东、西、北三面进攻，强行逼迫抗日救国军入关，在异常荒凉、无险可守的茅山地区歼灭。

1935 年 5 月初，在日本关东军的疯狂围堵下，救国军被迫入关。在突围中，孙永勤壮烈牺牲。救国军除少部分突围成功外，其余全部殉国。

轰轰烈烈的孙永勤抗日救国军的抗日斗争被镇压下去了。在这一年半的时间里，孙永勤率领抗日救国军将士与日伪作战 200 多次，攻克敌人据点 100 余处，毙伤俘日伪军 5000 余人，沉重地打击了日本帝国主义的嚣张气焰，极大地鼓舞了中国人民抗日救国的决心，受到了中国共产党的高度赞扬。

1935 年 8 月 1 日，中华苏维埃中央政府、中共中央发表的《为抗日救国告全国人民书》（《八一宣言》）中，赞扬孙永勤为抗日民族英雄。

孙永勤虽然牺牲了，但幸存下来的官兵就如同一把火种，撒向了燕山脚下，长城内外，他们继续顽强地坚持着抗战。

内蒙古自治区

内蒙古自治区位于北部边疆，东西直线距离2400公里，南北跨度1700公里，横跨东北、华北、西北三大区。内蒙古在日军侵华政策中战略地位非常重要。占领蒙古既可以进军我国大西北，侵占宁夏、甘肃、青海乃至新疆，在西北建立伪「回回国」；同时东部可与伪「满洲国」相连，处在「防止赤化的壁垒的位置上」。从「九一八」事变后日军侵犯内蒙古东部，从此蒙汉各族人民在中国共产党的领导下，进行了长达14年的抗击日本侵略者的斗争，是抗日战争的重要组成部分。

乌兰夫纪念馆

概况

乌兰夫纪念馆，位于呼和浩特市新华西街南植物园内，占地面积约 3000 平方米，是一座具有独特民族风格的巍峨建筑。

整个建筑包括主馆、纪念广场和塑像平台、纪念亭、牌楼门等 4 个单项工程。设计人员创造性地将传统的民族建筑款式和先进的现代建筑艺术融为一体，使这组建筑庄严肃穆，宏伟壮观。

纪念馆展览分为序厅及六个展室、两个展廊，展示了乌兰夫从少年投身革命到为国操劳、鞠躬尽瘁的全过程。

序厅的正面为乌兰夫汉白玉坐像，背景为“美丽富饶的内蒙古大草原”巨幅画。东西两壁为四组高 5.5 米、宽 3.5 米的大型仿汉白玉浮雕，刻画了从“五四”运动至今，在风云激荡的 90 多年中，中国人民尤其是内蒙古人民，为争取民族解放、祖国统一，为中国革命和建设

◎乌兰夫纪念馆

做出的贡献，成为中国革命史的重要组成部分。

整个陈列，共使用文物135件，历史照片286张，绘画9幅，文献126件。乌兰夫纪念馆于1997年6月被中宣部评为首批全国爱国主义教育示范基地。

乌兰夫生平

乌兰夫生于归绥（今呼和浩特）土默特旗塔布赛村一个牧民家庭。小学毕业后，1923年乌兰夫进入北平蒙藏学校学习。在李大钊、赵世炎、邓中夏等共产党人的帮助下，参加马克思主义研究小组，学习马列主义理论。同年12月，加入中国社会主义青年团，走上职业革命者的道路。

1925年9月，乌兰夫加入中国共产党，被派赴莫斯科中山大学学习。1929年6月回国后，开始参与组织、领导蒙古地方群众斗争。

抗日战争爆发后，乌兰夫率部在归绥、黑河一带阻击日军。后转战到陕北神木、府谷地区，受中共中央指派进驻伊克昭盟。1941年8月，他又奔赴延安，出任陕甘宁边区政府民族事务委员会主任，延安民族学院教育长等职。

1945年10月，乌兰夫在中共的领导下，成功解散了“内蒙古共和国临时政府”，发动内蒙古群众的自治运动，并组织成立了“内蒙古自治运动联合会”。1947年5月，乌兰夫又领导组建“内蒙古自治政府”，并被选为主席。此后，他历任中共内蒙古工委书记、自治区政府主席、内蒙古军区司令员兼政委、中共中央东北局委员。其间，乌兰夫完成了内蒙古地区中共的政权建设、军队建设和党组织的发展，他还指挥部队消灭了内蒙古地区的土匪和地方反对势力的武装，并参加辽沈战役和平津战役。

1954年9月，在第一届全国人民代表大会第一次会议上，乌兰夫被任命为中华人民共和国国务院副总理；并继续兼任中共内蒙古自治区党委第一书记，自治区人民委员会主席，内蒙古军区司令员兼政委，内蒙古大学校长，中共中央华北局第二书记，内蒙古自治区政协主席

◎乌兰夫

等职。1955 年 9 月，被授予中国人民解放军上将军衔，荣获一级解放勋章。1956 年，中共八大召开，乌兰夫当选为中共中央委员；并在中共八届一中全会上，当选中共中央政治局候补委员（排名第一位），成为党和国家领导人。此后，他还连任第二、第三届国务院副总理。

1983 年 6 月，第六届全国人民代表大会第一次会议主席团提名李先念、廖承志分别作为国家主席、副主席的候选人。然而，在举行选举前八天，即 6 月 10 日，廖承志因突发心脏病逝世；随即中央政治局召开扩大会议，决定乌兰夫作为替补候选人，当选中华人民共和国副主席。1988 年 4 月 8 日，国家副主席任期结束后，乌兰夫还当选为第七届全国人大常委会副委员长。1988 年 12 月 8 日 14 点 45 分，乌兰夫在北京病逝，享年 82 岁。

内蒙古博物馆

概况

内蒙古博物馆是一所具有浓郁地方特色和鲜明民族风格的博物馆，建立于 1957 年，位于呼和浩特市中心，占地面积 1 万多平方米，馆藏文物 4 万多件，其中一级品 635 件。2001 年 6 月，内蒙古博物馆被中宣部评为第二批全国爱国主义教育示范基地。

内蒙古博物馆陈列展品包括内蒙古古生物陈列、历史文物陈列、革命文物陈列、民族文物陈列四部分。

内蒙古古生物陈列荟萃了内蒙古化石珍品．共展出各种门类化石 500 余件、大型化石骨架 14 具，展示了千里戈壁沧桑变迁的奇迹。展品中的哺乳类化石，时代全、门类多，在国际上享有很高声誉。其中

◎内蒙古博物馆

引人入胜的巨型猛犸象、埋藏奇特的两具披毛犀，堪称“中华之最”。

内蒙古历史文物陈列荟萃了中国古代北方游牧民族文物精品。有匈奴民族的鄂尔多斯式青铜器、匈奴王鹰形金冠饰、虎牛咬斗纹金带饰等，是匈奴文物的瑰宝；有东胡民族的曲刃青铜短剑，鲜卑民族的舞乐陶俑、鲜卑贵族的金龙佩饰、马头鹿角形金冠饰等项饰和冠饰；有双鱼龙纹银盘、鱼龙纹银壶等与唐代“草原丝绸之路”有密切关联的一批重要文物；还有辽代、元代的重要文物，展示了匈奴了东胡、鲜卑、突厥、契丹、党项、蒙古等民族古老悠久的历史和灿烂辉煌的民族文化。

内蒙古革命文物陈列展出文物 500 余件，有乌兰夫等人创办的少数民族第一个革命刊物《蒙古农民》，有王若飞在包头从事革命活动时的旧址照片，突出反映了内蒙古各族人民在中国共产党的领导下，从 1919 年五四运动到 1949 年中华人民共和国成立 30 年间革命斗争的光辉历程。

内蒙古民族文物陈列展出文物 600 余件，有蒙古族各式各样的精致马鞍具、头饰、服饰、成组的蒙古族乐器；有鄂伦春族的各种渔猎

◎战国“鹰形金冠饰”

◎猛犸象化石骨架

工具、驯鹿工具；有达斡尔族的民间艺术以及他们所创造的风格古朴、艺术精湛的桦树皮、狍皮器具和工艺品，集中反映了内蒙古各族人民创造的独具特色的民俗文化风貌，构成了一幅绚丽多姿的民俗画卷。

内蒙古博物馆是一部立体的内蒙古历史教科书。它充分说明，勤劳勇敢的各族人民，自远古以来，便在这片浩瀚秀美的戈壁大草原上游牧劳作，创造了丰富多彩的物质文明和精神文明。

化石之乡

古生物是指生存在地球历史的地质年代中，而现已大部灭绝（距今约一万年）的生物。它们中大多数已经灭绝，少数延续至今。古生物死亡后，经埋藏、石化等地质作用，它们的遗体或遗迹有的能保存下来，就形成了化石。内蒙古是驰名中外的“化石之乡”。

距今 20 亿年前的元古宙早期，内蒙古地区出现了最早的生命记录。经过漫长的岁月，到地质历史的显生宙中生代，这里已是万木参天、绿荫如海的热带亚热带世界，其间活跃着一支庞大的白垩纪恐龙动物群，这些恐龙在中生代恐龙家族中占有特殊的位置。白垩纪末期，恐龙日趋衰落，哺乳类逐渐取代其位置而成为陆地上的新主人。

近年来，内蒙古地区在恐龙等古生物化石的发掘、研究方面有了突破性的进展，查干诺尔龙、古似鸟龙、巴克龙、原角龙以及恐龙足迹、恐龙蛋、含胚胎蛋化石等的发现，受到中外科学界的瞩目。

古生物化石具有重要的科学价值,是研究动植物生活习性、繁殖方式及当时的生态环境实物证据。它是古地理、古气候、地球的演变、生物的进化的见证。有些特殊化石其本身经加工具有极高的美学欣赏价值和收藏价值。

独贵龙运动

“独贵”是蒙语，汉语为环行圆圈的意思。独贵龙运动是在鸦片战争以后，一直到1949年共和国成立之前，蒙古民族进行反帝反封建，要求民族解放的一个独特的具有民主性的斗争形式。参加运动的群众聚集在一起生成圆圈，共同讨论斗争问题。

19世纪中叶，鸦片战争爆发。腐朽的清王朝统治者为了弥补战争赔款，横征暴敛，很多牧民流离失所、家破人亡。

独贵龙运动的发源地是乌审旗。清咸丰八年，乌审旗蒙古族牧民在巴拉吉尔等人的率领下，首先发动了独贵龙运动，有数百群众参加。他们反对王爷繁重的苛捐杂税，反对官吏抢占牧场。

独贵龙群众经过坚决斗争，王爷被迫做出了一定的让步。随后鄂尔多斯地区以独贵龙的形式陆续地爆发了反洋教的斗争，反对清朝政府大开垦的斗争。辛亥革命以后，独贵龙又以自己的形式继续开展反封建斗争，反对军阀的斗争。

独贵龙最著名的首领是席尼喇嘛。席尼喇嘛原名乌力吉，1866年出生在乌审旗的一个贫困牧民家里，从小给王公放牧，23岁为王爷当文书，为了摆脱王公的纠缠，他辞职回家，当了一名挂名的喇嘛，自称为席尼喇嘛。

随后他秘密建立了11个独贵龙组织，在这时鄂尔多斯的其它几个旗也爆发了独贵龙运动。

独贵龙运动震动了鄂尔多斯各旗王和北洋军阀政府，他们联合起来蓄意镇压这场运动，用诱捕的手段，逮捕了席尼喇嘛等数十人。

1920年，席尼喇嘛被营救出狱。为了躲避追捕，他来到北京，并结识了李大钊，开始接触马列主义。席尼喇嘛认识到，要想巩固人民政权必须建立自己的武装。从此，乌审旗的独贵龙运动进入武装斗争的新阶段。

1927年到1929年，席尼喇嘛率领革命武装和人民群众同封建势力进行了不屈不挠的斗争，粉碎了陕北军阀对革命军的军事围剿，保卫了胜利果实。独贵龙正式建立了人民的革命政权“工会”，标志着人民革命所取得的初步胜利。

敌人在军事上不能胜利，就于 1929 年冬暗杀了这位民族英雄。然而，独贵龙运动并没有消失，直到 20 世纪 30、40 年代在内蒙古地区仍然有独贵龙运动的爆发。

内蒙古革命烈士陵园

概况

内蒙古革命烈士陵园位于呼和浩特市森林公园内。陵园是为纪念在各个革命历史时期中，牺牲在呼和浩特地区的烈士；特别是呼和浩特籍的烈士而建的。陵园于 1948 年开始建设，1949 年 10 月 1 日落成，是自治区规模最大、最具有影响力的烈士陵园。2005 年 11 月，内蒙古革命烈士陵园被中宣部评为第三批全国爱国主义教育示范基地。

陵园中现有各个革命历史时期的革命烈士陵墓共 240 座，既有大革命时期牺牲的革命烈士荣耀先、多松年、李裕智等先驱革命者，也有抗日战争、解放战争牺牲的老红军、老党员、抗日将领、民族英雄等，还有在社会主义建设中去世的革命先辈、老红军、劳动模范、人大代表、政协委员、中高级知识分子的骨灰。

◎内蒙古革命烈士陵园内纪念碑

陵园的主要建筑物是人民解放战争烈士纪念塔。塔底部为革命烈士灵堂。为更好地缅怀革命烈士，充分发挥爱国主义教育基地的教育作用，2000 年，呼和浩特市委、政府决定将烈士陵园迁到呼和浩特市森林公园内，并按国家级革命烈士纪念建筑物标准进行扩建。工程于 2001 年 8 月竣工。

◎内蒙古烈士陵园内五烈士雕像

重建后的人民解放战争烈士纪念塔，坐落在园内的最高处，坐北朝南，为火炬型，塔身高 23.7 米，占地 1010 平方米。塔身为砖混结构，雪花青大理石贴面，白色整体雕刻大理石罩顶，中间墨绿色大理石贴面上镶嵌着用钛金做的乌兰夫在原始塔面上书写的碑文：“为人民解放战争而牺牲的英雄们永垂不朽”。

塔基为七级五十六层台阶，塔前为护栏广场。在广场上雕塑了原国家副主席乌兰夫的半身铜像和多松年、李裕智、贾力更、刘洪雄、高凤英五大著名烈士的汉白玉雕像。

纪念塔的右前方是革命烈士灵堂，左前方为革命烈士纪念堂，均为长方形，建筑面积各 238.5 平方米。灵堂存放着 325 位革命烈士的骨灰，纪念堂内布置有一条 56 米长的展线。两座花岗岩群雕位于塔前台阶东西两侧，占地面积各 33.32 平方米。

内蒙古骑兵雕塑位于塔前台阶西侧，高 7.3 米，占地面积 246 平方米。苏联红军烈士纪念塔位于革命烈士纪念堂东侧，坐北朝南，塔高 827 米，占地面积 160 平方米。

整个陵园布局合理，层次鲜明，主题突出，庄严肃穆，气势宏大。

北伐英烈荣耀先

荣耀先，字辉庭，号一介，蒙古名谦登若宪，于 1896 年出生。1918 年夏，他被土默特旗总管署保送到北京蒙藏学校学习。在中共北方区委李大钊、邓中夏等人的引导关怀下，荣耀先开始接受马克思主义思想，积极参加反帝爱国运动。

1919 年，荣耀先参加“五四”运动，是蒙藏学校学生爱国示威游行的组织者之一，1921 年 11 月，参加李大钊主办的马克思主义学说研究会。1922 年，荣耀先在绥远办平民教育，先后在察素齐镇和归绥市开办了土默特高等小学校察素齐分校和平民工读社。在蒙藏学校学习期间，他加入了中国社会主义青年团，1923 年 1 月加入中国共产党，是最早的蒙古族共产党员之一。

1923 年，荣耀先根据中共北方区委的指示回到归绥，动员乌兰夫、奎璧、多松年、吉雅泰、李裕智等蒙古族有志青年到蒙藏学校学习。期间，荣耀先还介绍他们与北方区委的领导同志见面，并和他们共同探讨蒙古人民的苦难根源和蒙古民族解放道路等问题，使这批来自内蒙古的青年学生，在李大钊的引导下，成为蒙古族第一代觉醒的有志青年。

1924 年 4 月，荣耀先奉中共北方区委派遣，赴广东黄埔军校第一期学习。在黄埔军校学习期间，他先后参加了平定广东商团和平定广东军阀陈炯明、杨希闵叛乱的两次东征战役，屡建战功。

毕业后，荣耀先历任黄埔学生军第一教导团排长，国民革命军第 1 军第 3 师 7 团连长，国民革命军第 6 军连长、中校营长等职。1926 年，他参加北伐，1927 年 2 月，升任北伐军第 6 军突击团团长。1928 年 4 月，他在第二次北伐战斗中不幸牺牲，年仅 32 岁。

蒙古族抗日英雄贾力更

贾力更，蒙古族，1907 年出生于内蒙古土默特旗农民家庭。

1925 年 2 月，贾力更考入北京蒙藏学校附中插班学习，在校中受中国共产党北方负责人李大钊、邓中夏等人的启发，接受马克思主义思想。五卅运动爆发后，他和同学多次参加党领导的游行示威和宣传活动。不久加入中国共产党。

1927 年春，贾力更领导毕克齐农民反清丈土地斗争，于 3 月 28 日在归绥城南孤魂滩召开绥远农民大会。会后，他率数千名农民、工人、学生到绥远特别区都统衙门请愿，迫使都统接受农民要求：停止丈地、取消开放烟禁决定、撤销垦务督办、革除归绥县知事等贪官职务。

1938 年秋，贾力更组织爆破组，秘密潜入日军在大同北卧虎湾军火基地，一举将敌军火库炸毁。1939 年 9 月，中共土默特蒙古工作委员会成立，贾力更任书记，同时组建“蒙古抗日游击队”，打击了日伪帮凶萨县缸房营子天主教堂，歼灭了和林格尔陈家一间房村伪骑兵团部，智擒日军小队长小野，夺取敌军大批军马，支援了大青山游击队。

1939 年底，中共绥蒙区党委指派贾力更为出席中共第七次全国代表大会代表。1940 年初任中共绥西地委蒙民部部长。8 月任绥察行政公署蒙政处长。

在中共土默特蒙古工委领导下，贾力更展开反封锁斗争，穿越封锁线，把粮食、土盐、武器弹药、通讯器材、纸张文具和药品等输送到抗日根据地，前后三批把 33 名青年安全送往延安学习。

1941 年 3 月 19 日，贾力更护送第四批青年去延安，行至绥西张启明沟时，突然遭到日伪军围追，当他把青年学生掩护过山梁后，在冲过一块开阔地时，不幸中弹，英勇殉国。

呼伦贝尔市世界反法西斯战争海拉尔纪念园

概况

世界反法西斯战争海拉尔纪念园位于海拉尔城区北部，为国家 5A 级战争主题公园，总面积 110 公顷。以目前国内同类遗址中规模最大、保存最完好的原侵华日军海拉尔要塞遗址为载体，融入战争场景再现、

◎呼伦贝尔市世界反法西斯战争海拉尔纪念园

军事设备设施恢复、呼伦贝尔抗战实物图片展出等元素，集旅游、教育、娱乐、休闲、购物、体验等功能于一身，是爱国主义、国际主义、革命英雄主义以及国防教育的红色旅游新胜地。2009 年 5 月，海拉尔纪念园被中宣部评为第四批全国爱国主义教育示范基地。

穿过大门，走过 45 级台阶，是一座宽阔的广场。一尊 18 米高的雕塑矗立在广场正中间。它表现的是中俄蒙三国士兵高举长枪、马刀欢呼胜利的场面。这尊雕像既是整个广场的灵魂，也是纪念园爱国主义、国际主义、革命英雄主义的集中体现。

广场右侧是米格 15 战斗机、红旗 2 型导弹、高射炮、日本军车等军事设施的展示。设计者构思巧妙，长椅、围栏、垃圾箱都被设计成炮弹的模样，就连卫生间都变身为一颗硕大无比的地雷，而且人们还会看到日本关东军士兵出没其间。

广场南端是侵华日军海拉尔要塞遗址博物馆。博物馆分两部分，地上部分以展示 1931 ~ 1945 年间呼伦贝尔地区抗战的实物和图片为主，共分 4 个展厅、9 个单元。

在这里人们既能看到日本帝国主义对呼伦贝尔各族人民残酷的压迫、掠夺和杀戮，也可以了解到草原儿女团结一心、共抗倭寇的坚强意志和不屈精神。同时还有中、俄、蒙三国人民在血与火的洗礼中所凝结的珍贵情谊。

◎呼伦贝尔市世界反法西斯战争海拉尔纪念园内的雕像

人们不仅能够看到大量第二次世界大战期间三国军民并肩作战的实物和图片，设计者还独具匠心地将现代的声、光、电技术运用其间，逼真还原了1939年诺门罕战役场面。正是这场战役让日本关东军见到了苏联红军的实力，从而放弃了北进计划。

地下部分则完全以侵华日军海拉尔要塞为展出主体，因为开发、恢复得非常好，完整地保留了要塞的原貌，日军指挥所、通讯室、弹药库、射击口、卫生所等与当年别无二致，使人们对战争的感受更加直观。

和平与友谊的使者

1931年“九一八”事变爆发，日本帝国主义出兵占领中国东北。美丽的呼伦贝尔大草原沦为人间地狱。海拉尔作为战略要冲和军事枢纽，日本关东军在这里修筑了大量的工事，敖包山阵地、河南台阵地、伊东台阵地、松山阵地、东樱台阵地环海拉尔屹立，进可攻，退可守，被称之为“军都五芒星”。

河南台阵地，即今北山要塞遗址，是进出海拉尔之咽喉，备受重视。日本帝国主义冀图以该要塞聚兵囤粮，向北进攻苏联，与德国法西斯联手扼杀红色苏联，最终实现称霸世界的野心。

日本帝国主义的倒行逆施，注定了它失败的结局。1945 年 8 月 8 日，苏联对日宣战，158 万苏联红军在华西列夫斯基元帅的指挥下与中国抗日联军和蒙古人民军相互配合，全面进攻盘踞在中国东北的日本关东军。8 月 18 日，龟缩在河南台阵地里的 3800 名日本关东军，走出地下工事，缴械投降。

设施齐全、功能完备、牺牲数万中国劳工生命修建的要塞得以完整保留下来。它真实地再现了当年的历史原貌。无论是本地人，还是外来游客，当参观过纪念园后，心灵都会经受巨大的洗礼和冲击。冰冷的工事，与被和平阳光普照的草原，如此强烈的反差，让人在追忆历史的同时更加珍惜今天和平幸福的生活。

和平与发展是当今世界的两大主题。正视战争并重拾战争记忆是为了更长久的保有和平，而和平的目的是为了更长远的发展。由此纪念园也被赋予了新的历史使命。

呼伦贝尔市，对内是国家振兴东北老工业基地的能源后备基地，对外是中国对俄、蒙开放的前沿阵地。随着中、俄、蒙三国在政治、经济、文化等领域愈加频繁与密切的交往，呼伦贝尔市在其中的地位和作用也更加地突出和重要。

国家、地区间的交往要选准契合点，但若能够做到心灵的沟通和理解，交往会变得更顺畅和完美。俄罗斯赤塔市市长米哈廖夫在参观了纪念园后大有感触，他没想到呼伦贝尔人民对苏联红军有如此深厚的感情，把他们的遗物保存得如此完好，如此珍惜中、俄两国的友谊。相信纪念园传递的友好信息也必将被俄罗斯人民所接收。

武川县大青山抗日游击根据地旧址

概况

大青山抗日根据地位于武川县，是中国共产党根据全国抗日战争的战略决策领导创建的，是晋绥抗日根据地的一部分，素有“塞外小延安”之称。

大青山抗日根据地是全国著名的革命老区。自 1997 年建设开发以来，对得胜沟八路军司令部和李齐沟“郝区政府”等革命遗址、遗迹进行了修复、重建，恢复了原貌。

2004 年 6 月又建成了呼和浩特市爱国主义革命教育基地，现已建成 2 个图片展区，18 个展厅，展厅面积 1500 平方米，彩喷 200 多平方米，陈列反映大青山军民斗争史的大型图片 186 块。

2005 年大青山抗日根据地被列入国家红色旅游规划纲要，成为全区红色旅游资源重点建设项目。武川县委、政府为了搞好开发建设，确立了以“红”带“绿”红绿相结合的开发思路，确定了建设“大青山抗日根据地展陈馆”和“红旅公路”工程。

两个项目从 2006 年开始选址、勘测、规划、设计，并通过专家组论证，于当年 9 月进入实质性施工阶段。历时两年多，于 2008 年 9 月 9 日正式竣工和落成。2008 年圆满完成了大青山抗日根据地创建 70 周年庆典，红色旅游初具成形并开始接待游客。

2008 年，红旅景区主要完成了 55 公里的红旅公路、大青山抗日游击根据地展馆及占地 18.9 亩广场、绿化带，其中展馆建筑面积 1600 平方米、广场建设面积 4500 平方米，游客服务中心餐饮区、住宿区改造面积 2300 平方米。

◎大青山抗日游击根据地展馆

展馆的布展工程由中国人民解放军八一电影制片厂与西部影视城首席设计师韩云峰设计完成，陈列项目分别由以毛泽东题词、武川地势岩石题材群体为主题的主题正厅和以抗日战争、大青山之鹰、全民抗战、决战大青山、抗战胜利为题材的五个展厅组成。

2009 年 5 月，大青山抗日游击根据地旧址被中宣部评为第四批全国爱国主义教育示范基地。

塞外小延安

大青山抗日根据地位于大青山深处，境内峰峦起伏，八大高峰（西脑包山、东脑包山、华尖山、大平顶山、小平顶山、大特山、银贡山）由西往东依次排列，山与山之间有五大沟（韭菜沟、肖夭子沟、老赖沟、得胜沟、李齐沟），30 余条支沟穿插其间，抢盘河、得胜河常流不断。最高山峰海拔 2255 米，平均海拔 1700 米，山大沟深，林木繁茂，地形十分险要。

在抗日战争中，大青山地区对中日两国双方战略地位都很重要。

日本帝国主义在中国东北建立起伪满洲国之后，企图在内蒙古西部建立伪蒙古国。伪蒙古国的中心则是大青山地区。除此之外，它还是东连伪满洲国、西接伪“回回国”的枢纽地带，也是日本侵略者向西北地区建立伪“回回国”的后方基地。

日本侵略者计划中的伪回回国若能实现，更可以与伪蒙满疆连成一体，对晋西北抗日根据地进行包围夹击；同时日伪军可南渡黄河，直接威胁到陕甘宁边区。

大青山地区对中共的战略地位也同样重要。大青山地区是通往大西北的咽喉，只要卡住这个咽喉，便可阻止日本侵略者向大西北进军，粉碎日军肢解中国北方的全部战略意图。

大青山地区是晋西北抗日根据地的外翼，争夺大青山地区关系到晋西北抗日根据地的安全，关系到整个晋绥抗日战争的发展，并与晋察冀敌后抗日根据地相呼应，形成绥察晋冀敌后抗日战场。

因此，在大青山地区开展抗日游击战争，戳穿伪蒙疆的反动本质，宣传党的民族政策，动员蒙古民族抗日，是抗日战争中的一个极为重要的问题。

挺进大青山

鉴于大青山的重要战略地位，中共中央和毛泽东做出创建大青山抗日游击根据地的决策和具体部署。1938 年 6 月下旬，八路军大青山支队建立。李井泉任支队长兼政委，所以大青山支队又称李支队，姚喆任支队参谋长，彭德大任支队政治部主任。

大青山支队在山西五寨举行誓师大会，准备挺进大青山。在岢岚县城组建的第二战区民族革命战争战地总动员委员会晋察绥边工作委员会（简称总动委会）也决定随大青山支队挺进大青山，组织发动群众。

太原成成中学师生组建的抗日游击第 4 支队（简称 4 支队）也在共产党的领导下，准备北上大青山抗日。这支抗日武装主要由太原中学爱国师生组成，刘镛如任支队长。

1938 年 2 月，四支队参加了八路军收复晋西北 7 县城的战斗。经整训，7 月中旬，即编为总动委会游击第 4 支队，与大青山支队一起开赴大青山地区。

1938年7月15日，八路军总司令朱德发出挺进绥远敌占区，开辟大青山抗日游击根据地的命令。7月29日和8月2日，八路军大青山支队和总动委会及其所属第4支队，分别从山西五寨和右玉向大青山进发。

8月31日夜间，李井泉、武新宇带领部队，从旗下营和三道营两火车站之间安全穿过平绥铁路，于9月1日到达预定地点武川县大滩、甘沟子一带。9月5日支队袭击陶林。9月10日夜，攻克武川县乌兰花镇。次日，李井泉率领部队驻武川县井儿沟开辟根据地。

9月下旬，支队在蜈蚣坝伏击日军获胜，随后，在井儿沟柳沟门召开首次会议，研究建立乡村基层抗日政权、军事部署等问题。9月底，支队西进，在武川县庙沟与“绥远民众抗日自卫军”总部召开联欢会。

10月间，大青山蒙汉抗日游击队领导人杨植霖在武川马场梁会见李井泉派来的联络人员。蒙汉抗日游击队在归绥县面铺窑子村与支队主力部队胜利会师。

之后，白如冰带领一批干部由伊克昭盟到达武川大青山区，与支队汇合。从此，大青山抗日军民以武川为中心，展开了长达8年的艰苦卓绝的游击战争。

武川人民积极参军参战，拥军拥政，为八路军送给养、传情报、抬担架，与抗日支队并肩作战，战死的英烈达数百人。

兴安盟内蒙古自治政府纪念地

概况

内蒙古自治政府纪念地的诞生地是内蒙古兴安盟乌兰浩特，于2009年5月被中宣部评为第四批全国爱国主义教育示范基地。

◎兴安盟内蒙古自治政府纪念地——五一会址

在乌兰浩特市2公里范围内密集地分布着“五一会址”、内蒙古党委办公旧址、内蒙古自治政府办公旧址、乌兰夫办公旧址、五一广场、内蒙古日报社办公旧址、内蒙古师范大学旧址、西满军区驻王爷庙办事处旧址、内蒙古民族解放纪念馆和乌兰浩特市烈士陵园等10个旧址和场馆。

这些旧址和场馆是这座英雄城市的象征，已成为内蒙古民族解放光荣历史教育、爱国主义教育和发展红色旅游，推动地区经济社会发展的重要基地。

内蒙古民族解放纪念馆是自治区成立60周年大庆的重点献礼工程，是全程反映和再现内蒙古民族解放和区域自治历史进程的纪念性展馆。

主展厅内容由4个部分组成：第一部分为觉醒的草原，第二部分为抗日的烽火，第三部分为胜利的曙光，第四部分为永远的丰碑。

英烈厅设4个单元：第一单元是革命先驱，第二单元是还我河山，第三单元是为了新中国，第四单元是英雄的铁骑兵。

五一会址位于乌兰浩特市五一北路，是一座青砖建造的厅堂。五一会址因1947年4月23日至5月1日，内蒙古人民代表会议在这里召开并宣告全国第一个少数民族自治政权——内蒙古自治政府在此成立

◎内蒙古民族解放纪念馆

而得名。

乌兰夫办公旧址位于内蒙古自治区兴安盟乌兰浩特市兴安路北段东侧，始建于 1936 年。

红色城市

内蒙古自治区兴安盟位于大兴安岭中段南麓，地处科尔沁草原腹地，紧衔东北松嫩平原，雄踞祖国北疆。其所在地乌兰浩特原名王爷庙，是座历史悠久的草原名城。

清康熙三十年（1691 年），蒙古扎萨克图第三代郡王鄂其尔开始在此大兴土木，兴建家庙，王爷庙因此而得名。1947 年 4 月 23 日至 5 月 1 日，内蒙古人民代表会议在王爷庙隆重举行，会议选举产生了以乌兰夫为主席的内蒙古自治政府。在中国共产党领导下，内蒙古各族人民从此站了起来。

毛泽东主席、朱德总司令电贺内蒙人民代表会议的召开：“亲爱的内蒙人民代表大会全体代表们：你们五月十七日来电收到了。曾经饱受困难的内蒙同胞，在你们领导之下，正在开始创造自由光明的新历史。我们相信，蒙古民族将与汉族和国内其他民族亲密团结，为着扫除民族压迫与封建压迫，建设新蒙古与新中国而奋斗。庆祝你们的胜利。”

为了永远纪念内蒙古自治政府成立的伟大时刻，纪念内蒙古民族解放的这一历史纪元，新生的人民政权把王爷庙升格为市，改称乌兰浩特市，意思是“红色的城市”。

乌兰浩特市现为中共兴安盟委、兴安盟行政公署所在地，是兴安盟的政治、经济、文化中心。内蒙古自治政府成立后，以乌兰夫为首的内蒙古党政军机关在乌兰浩特工作了两年多，领导了内蒙古的民族解放斗争，开创了内蒙古民族解放和区域自治的新局面。乌兰浩特市成为内蒙古民族解放的红色之城、红色之都。

民族区域自治

内蒙古自治区的成立是一个伟大创举。民族区域自治是中国共产党找到的解决中国国内民族问题的金钥匙。

抗战胜利后，蒙古民族同国内其他民族一样，都面临着光明与黑暗、前进与倒退的抉择。内蒙古地区的矛盾和局势一度也非常尖锐复杂。

以毛泽东为代表的中国共产党人对内蒙古民族解放运动非常关注，指派晋察冀中央局、西北局、东北局分别负责内蒙古各地的自治运动，指派乌兰夫负责组建内蒙古自治运动领导机关。

内蒙古人民在国共两党的激烈角逐中，选择了中国共产党的领导，避免了国家和民族的分裂。内蒙古各地广泛开展自治运动，建立党的组织，组织人民武装进行自卫战争，创建革命根据地。

内蒙古自治区是中国第一个省级少数民族自治区，于 1947 年 5 月 1 日成立。它是一个以蒙古族为主体、汉族占多数、人民当家作主的自治政府，实现了区域自治。

内蒙古自治区的成立是中国共产党运用马克思主义原理与中国革命具体实践相结合，解决中国民族问题的一个伟大创举。内蒙古民族问题的解决同时为东北、华北的解放和新中国的成立在政治、军事、经济各方面奠定了重要基础。内蒙古区域自治的实践也为党解决国内其他少数民族问题提供了经验，树立了典范，并且成为中华人民共和国国体的重要组成部分。

参考文献

1.胡苏平. 红色三晋——山西省爱国主义教育基地巡礼. 太原：山西人民出版社，2011

2.中共中央宣传部宣传教育局. 第三批全国爱国主义教育示范基地巡礼. 北京：北京学习出版社，2009

3.中共中央宣传部宣传教育局. 第四批全国爱国主义教育示范基地巡礼. 北京：北京学习出版社，2009

4.中共中央宣传部宣传教育局. 中国红色旅游. 沈阳：辽宁教育出版社，2008

5.北京支部生活杂志社. 90 年中人与事——红色纪念馆的诉说. 北京：北京人民出版社，2001

6.河北导游词精粹. 北京：中国旅游出版社，2005

7.精神丰碑：百个爱国主义教育示范基地巡礼. 西安：陕西人民出版社，2005

8.中华魂：爱国主义教育基地. 北京：人民日报出版社，2006